法治之盾：
行政法及其保护机制探究

张学慧 ◎著

中国商业出版社

图书在版编目（CIP）数据

法治之盾 ： 行政法及其保护机制探究 / 张学慧著. 北京 ： 中国商业出版社, 2024. 8. -- ISBN 978-7-5208-3095-9

Ⅰ. D922.104

中国国家版本馆 CIP 数据核字第 2024T4P259 号

责任编辑：王　彦

中国商业出版社出版发行

（www.zgsycb.com　100053　北京广安门内报国寺 1 号）

总编室：010-63180647　编辑室：010-63033100

发行部：010-83120835 / 8286

新华书店经销

廊坊市博林印务有限公司印刷

*

710 毫米 ×1000 毫米　16 开　12.5 印张　211 千字

2024 年 8 月第 1 版　2024 年 8 月第 1 次印刷

定价：75.00 元

* * * *

（如有印装质量问题可更换）

前言

行政法作为宪法的具体实施法规，深刻影响着广泛且关键的社会关系网络，它紧密关联着国家权力的运作以及公民的权利保障，肩负着双重法律使命。一方面，行政法要确保行政权力的顺畅且有效执行；另一方面，行政法要坚守保护公民、法人及其他社会组织合法权益的立场。行政法详细界定了行政机关的职权界限、权力行使的方式以及必须遵循的程序，为行政机关制定了清晰的操作手册。这样的设计为行政机关在执行职责时提供了效率和公正的双重保障，更重要的是，它为防止行政权力的滥用设置了坚实的屏障。

行政法及其保护机制在维护社会秩序、保障公民权益方面发挥着至关重要的作用。它通过规范行政权力的行使，防止了权力的滥用和腐败现象的发生，为社会的和谐稳定提供了有力的法律保障。同时，行政法的保护机制为公民提供了有效的救济途径，使公民在权益受到侵害时能够及时得到法律的援助和保护。

本书内容丰富全面，从行政法的理论基础出发，对行政法律关系及其主体进行了详细解析，在此基础上，进一步深入探讨行政行为与行政程序的规范性问题，为理解行政法的实际操作提供了有力的理论支撑。不仅如此，本书还紧密结合当前社会发展的热点问题，对个人信息的行政法保护、社会公民权益的行政法保护、动植物行政法保护以及非物质文化遗产及其传承人的行政法保护等议题进行了深入剖析。这些章节不仅揭示行政法在保护个人信息、公民权益、生态环境以及文化传承等方面的重要作用，还提出了相应的完善与优化建议。

本书语言平实流畅，逻辑严谨清晰，使读者能够在轻松的阅读过程中深入理解行政法的精髓要义。同时，注重创新性与实用性并重，不仅对传统行政法理论进行了系统梳理，还结合新时代的发展需求，提出许多前瞻性的观点和建议。

目 录

第一章　行政法理论基础

第一节　行政与行政法的认知

一、行政

行政、行政法、行政法学三者关系密切。从与行政的关系来看，行政法是指有关行政的法律，而行政法学就是有关行政的法学。可见，对于行政法和行政法学而言，行政是更为基础的概念，确定“行政”的概念是确定行政法和行政法学概念、性质、对象、范围等的前提和基础。

（一）行政的概念

行政法学中的“行政”应当指国家行政机关的活动，它是国家行政机关为实现国家的目的和任务而行使的执行、指挥、组织、监督诸职能。但是行政法的行政又不能局限于行政机关的活动，某些非行政机关的组织所为的活动也受行政法规则支配。所以，行政法学中的“行政”概念应当以形式主义上的行政为主体，以实质意义的行政为补充。

在这种原则的指导之下，可以对“行政”的概念进行定义，即行政法学中的行政是指国家行政机关等行政主体为积极实现公益目的，依法对国家事务和社会事务进行的组织、管理、决策、调控等活动。该定义的含义有：①行政的主体是行政主体，以国家行政机关为主，此外还包括法律、法规授权的组织等，由此克服形式说的缺陷；②行政的目的是实现公共利益；③行政必须依法进行，在法律之下，受到法律的控制；④行政的内容包括对国家事务和社会事务进行的组织、管理、决策、调控等活动。

（二）行政的特征

行政法学中的行政具有如下特征。

1. 法律性

从行政与法律的关系来看，行政具有合法性的特征，主要表现在两个方面:

首先，行政是执行法律的活动，这是由行政与立法的关系决定的。其次，“依法行政”是行政法的基本原则，要求所有的行政活动必须依法进行，不得违反法律。此外，从理论上来看，行政法学采用“行政行为”的概念，将现实行政过程中的各种行政活动类型化为处罚、许可等典型的行政行为，以法律规范的形式确定各类行政行为的主体、内容、形式、程序等法律要件，并以这些法律要件为标准判断现实行政过程中各种行政行为的合法性。

2. 目的性

现代行政以“公共事务”为对象，以实现公共利益为目的。行政主体为了最终实现公共利益这一行政目的往往需要实施一系列行政活动，为了确保行政目的的实现，行政法赋予了行政主体以特殊的优越性，如在我国的行政法上设定了行政优先权制度、行政受益权制度、行政强制执行制度、诉讼不停止执行制度等。可见，行政的目的是实现公共利益，因此，行政主体活动除了应当符合法律的规定之外，还必须与其公共利益的目的相一致。

3. 积极性

与奉行“不告不理”原则的司法相比，行政具有主动性、积极性的特点，即行政为了实现公共利益必须积极、主动地行使职权。行政职权对于行政主体而言，既是权利也是义务，在法定条件下，行政主体必须行使职权，否则就构成不作为违法。在现实中，行政的积极性表现为两种情形：对于法律规定必须依据职权作出的行政活动，行政主体在法律规定的条件成就时，必须依职权积极作出行政行为；而对于法律规定必须在相对人申请后作出的行政活动，行政主体在相对人申请后，必须针对相对人的申请积极做出答复，不得置之不理。

4. 连续性

与司法追求“个别正义”的特质不同，行政活动更注重于实现特定的行政目的。为实现这些目的，行政主体往往需要连续不断地做出多个行政行为或其他行为形式。这种连续性体现在行政决策的连贯性、行政执行的持久性以及行政监督的持续跟进等多个方面。通过连续性的行政活动，行政主体能够有效地推动政策落实，保障公共利益，维护社会秩序。

5. 统一性

行政以实现行政目的（公共利益）为目标，因此，承担行政任务的行政主体构成统一、完整的行政组织体系。围绕着特定行政目的实现，各行政主

体的活动也具有统一性。在同一行政过程中往往存在各种行为，各种行为具有一定的独立性，但从特定的行政目的来看，各种行为的实施都是为了特定的行政目的，即为了特定行政目的而作出的一系列行为之间具有关联性，以这种关联性为基础，各种行为共同构成作为整体的行政过程。由此构成的行政过程在整体来看具有统一性。

6. 强制性

行政的强制性是其作为国家权力活动的重要体现。行政活动是由行政主体代表国家行使权力的过程，具有代表国家意志的特性。由于行政活动的权威性和严肃性，它往往以国家政权的强制力为后盾，以确保行政决策的顺利执行。对于合法的行政活动，国家强制力将保障其执行，任何组织和个人都必须遵守和执行行政决策。这种强制性使得行政活动具有高度的权威性和严肃性，能够有效地维护社会秩序和公共利益。

二、行政法

行政法是调整行政过程中行政关系以及监督行政关系的公法规范的总称，是我国法律体系中的三大基本法律部门之一，在我国社会主义法律体系中具有极其重要的地位。在本章中，探讨行政法的概念、目的、定位、特征、类型、存在形式与效力范围等。

（一）行政法的界定

行政法的定义不仅能够直接表明行政法的目的、调整对象、调整方法，而且直接影响行政法学研究的目的、对象及方法的确定。因此，界定行政法的概念是行政法学研究的逻辑起点。

1. 行政法的定义

法律是调整社会关系的工具，每一个法律部门都有各自的目的、调整对象与调整方法。法律部门又称为部门法，是运用特殊调整方法调整一定种类社会关系的法律规范的总和。在现行法律规范中，由于调整的社会关系及其调整方法不同，可分为不同的法律部门，凡调整同一类社会关系的法律规范的总和，就构成一个独立的法律部门。因此，在确定各部门法的概念时必须明确其调整对象与调整方法。

基于此，可以从目的、调整对象和调整方法的角度，对行政法做出定义，行政法是指为了保障公共利益的实现、监督和控制行政权力的合法行使、保护相对人的合法权益，调整行政过程中行政关系以及监督行政关系的公法规范的总称。该定义的具体含义包括：①行政法的目的是保障公共利益的实现、监督和控制行政权力的合法行使、保护相对人的合法权益；②行政法的调整对象是行政过程中的行政关系以及监督行政关系；③行政法在性质上属于公法，以公法方式作为其调整方法。

2. 行政法的目的

（1）公共利益目的。行政以公益为目的，行政主体所为之行政行为，不论以公法还是以私法方式为之，都必须以达成公共利益为目的，保障公共利益的实现也是行政法的目的。行政法的公益目的体现：一方面，行政主体是公共利益的代表，行政法保障其为实现公共利益而进行的行政活动，具体而言，行政法保障行政机关有效地进行国家行政管理，为行政机关行使职权提供依据和条件，在行政过程中，确保行政权的优越性，并要求相对人服从行政权的管理，促使相对人积极履行行政义务；另一方面，行政法要求行政权的行使必须符合公共利益，即行政法运用公共利益作为标准来限制行政主体的行政活动，确保行政主体的行政活动与公共利益目的相一致。

（2）控权目的。控权中的“权”是指行政权力，行政法的控权目的是指行政法监督、控制行政权力的目的。行政权以实现公益为目的，但在现实中，行政权存在滥用的可能性，为此，行政法对行政活动的主体、内容、形式、程序等进行了严格的规定，要求行政主体必须依法行政，同时加强对行政活动的监督，确保行政活动的合法性。

（3）保权目的。保权中的“权”是指相对人的权利，保权目的是指行政法保障相对人的合法权利和利益的目的。为了保障公益目的的实现，行政法赋予行政权优越性，并要求相对人必须服从行政权的管理，切实履行行政义务。但行政权的违法行使往往会侵犯相对人的合法权益，为此，行政法为相对人的权益提供了特殊的保护。具体而言，首先，对行政活动规定严格的法律要件进而对其进行监督，在控制行政权的同时保障相对人权益；其次，在行政过程中赋予相对人参与权等程序性权利，提供相对人在行政过程中陈述意见、表达意愿的机会；最后，在行政权侵犯相对人权益时，为相对人提供事后性救济的机会。

3. 行政法的类型

按照不同的标准，可以把行政法分为不同的类型。不同的类型划分，在行政法的研究上各有其不同意义。一般而言，行政法存在以下类型：

（1）实体行政法和程序行政法。根据行政法规范性质的不同，可以将行政法划分为实体行政法和程序行政法。实体行政法是规范行政法律关系主体（行政主体与行政相对人）的实体性权利义务的行政法规范的总称。其中的实体性权利义务是指能决定行政关系当事人能否进入某一具体行政法律关系的资格，及其在具体行政法律关系中的地位的权利义务。程序行政法是规定为保证行政法主体实体性权利义务的实现而设定的行政法律关系主体的权利和义务的程序性行政法规范的总称。根据规范程序的阶段的不同，程序行政法又可以分为事前性行政程序法和事后性行政程序法。事前性行政程序法，又被称为“一般行政程序法”，是指有关行政行为作出之前的程序的行政法规范；事后性行政程序法是指有关行政行为作出之后的程序的行政法规范。

实体行政法和程序行政法具有不同的功能，所遵循的法律原则也各不相同。但在现行法律中，两者的区分并非泾渭分明，而往往共存于同一法律甚至法律条文之中。从两者的关系来看，程序行政法是实体行政法中权利义务实现的保障。

（2）内部行政法和外部行政法。根据行政法调整对象的不同，可以将行政法分为内部行政法和外部行政法。内部行政法是调整国家行政机关之间、国家行政机关与其工作人员之间行政关系的法律规范的总和。外部行政法是调整国家行政机关与社会组织、公民间的行政关系的法律规范的总和。内部行政和外部行政虽然都有国家行政机关作为一方参加者，但它们所遵循的原则和实现的方式是各不相同的，因而法律对这两种行政关系的调整方式也有所不同。

（3）行政组织法、行政行为法、行政救济法。根据行政法所规范的行为类型的不同，可以将行政法划分为行政组织法、行政行为法、行政救济法三部分。行政组织法是有关行政组织的设置权、编制权、行政权限、国家公务员录用权和管理权的规则；行政行为法是有关行政处罚、行政许可等行政行为的设定、实施的法律；行政救济法是规定在行政行为违法侵害相对人权益时提起诉讼或赔偿请求的法律。这种分类方式直接影响了行政法学的划分，也是目前的行政法学教材划分篇章最通用的标准。

（4）一般行政法和特别行政法。根据行政法调整对象的范围的大小，可以将行政法划分为一般行政法和特殊行政法。一般行政法又被称为“普通行政法”，是指涉及多个行政领域或较大范围的行政事项的法律规范，适用于所有（或者大多数）行政领域。特别行政法又被称为“部门行政法”，是指规范某一特定行政领域的法律规范，仅适用于特定的行政领域，在其他领域不能适用。根据行政法的专业内容或者其所涉及的行政领域的不同，可以将行政法划分为各种不同的特别行政法，如经济行政法、文化行政法、公安行政法、民政行政法、军事行政法、外事行政法等。这种划分方法可以使研究者对各特别行政法进行细致的研究。

4. 行政法的特征

在民法、刑法、行政法三大法律体系中，行政法是最为“年轻”的部门法。行政法作为一个独立的法律部门，与民法、刑法等传统法律部门相较，无论在形式上还是在内容上，都具有自己的特点。

（1）形式特征。行政法的形式特征主要表现在以下两个方面：

第一，统一性法典的欠缺。由于行政的广泛性、复杂性、多样性、专业性以及易变性等特点，制定一部统一的行政法典极为困难。因此，在形式上行政法没有统一的法典，而是散见于各种法律、法规、规章中，表现为众多的、各种各样的单行行政管理法规。当然，在某些领域制定了部分统一的小型法典，如《中华人民共和国行政处罚法》《中华人民共和国行政许可法》《中华人民共和国行政复议法》《中华人民共和国行政诉讼法》等，其中又以行政程序法典居多，这是因为相对于行政实体法的多样性而言，各行政领域共通的行政程序较多。

第二，表现形式的多样性。与民法、刑法的法律形式单一、法律文件数量有限相比，行政管理内容的广泛性和立法主体的多元性决定了行政法律规范的数量之多。由于行政法涉及领域的广泛性，在立法体制上，行政立法是多级立法，层次不同，名目繁多，种类不一，其效力级别亦有区别。因此，行政法规范赖以存在的法律形式、法律文件的数量居部门法之首。

（2）内容特征。行政法的内容特征主要表现在以下四个方面：

第一，广泛性。行政法是有关行政的法，而现代行政的范围不断扩张，涉及政治、军事、外交、经济、科技、文化、卫生、教育、公安、民政、建设等领域。作为行政法对象的行政的广泛性决定了行政法内容的广泛性。

第二，相对易变性。法律必须具有一定的固定性，而不能朝令夕改。但由于社会、经济等情况经常处于不断地变动中，具体的行政关系也具有一定的变动性，为此，行政法也必须经常进行重新制定、废除、修改，以适应现实行政发展的需要。相对于宪法、民法、刑法等法律而言，行政法具有易变性的特征，特别是我国在现阶段进行行政改革的背景下，行政法的相对易变性特征更为突出。

第三，兼具行为规范与裁判规范的性质。根据法律规范所起作用的不同，可以将其划分为行为规范和裁判规范。所谓行为规范是指规定或指导当事人如何行为的法律规范，是当事人行为的标准；而裁判规范是指在当事人之间发生纠纷而向法院提起诉讼时法院据以作出裁决的法律规范，是法院裁判的标准。在法理学上，将法律的功能定位为指引、评价、预测、教育、强制，可见，一般的法律规范都兼具行为规范和裁判规范的性质，但不同的法律规范在功能定位上的侧重点不同。例如，在民事法律关系中当事人之间适用个人意思自治的原则，民法规范本身并不直接约束当事人的行为，民事法律关系由当事人自由合意形成，而只有在当事人之间产生纠纷时民法规范才成为法院判断的标准。从这种意义上看，民法规范是纷争解决的标准，具有裁判规范的性质。

与此相对，由于行政机关的行为是一种行使公权力的行为，不能适用意思自治的原则，而根据依法行政原则的要求，必须对行政机关行使公权力行为的过程进行严格法律控制。对此，行政机关和相对人都必须遵守、服从，而不得通过双方的合意而改变。在这种意义上，行政法意味着对行政机关行为的规范，是一种行为规范。此外，当相对人对行政机关的行为不服而提起行政诉讼时，行政法规范就成了法院裁判案件的标准，在这种意义上，行政法也具有作为裁判规范的性质。可见，行政法对于行政机关来说是行为规范，对于法院来说是裁判规范，兼具两种规范的性质。

（二）行政法的调整对象

行政法调整行政主体在行使行政职权和接受行政法制监督过程中而与行政相对人、行政法制监督主体之间发生的各种关系，以及行政主体内部发生的各种关系。

法律的调整对象是社会关系，而不同的法律调整的社会关系并不完全相同。例如，民法的调整对象是平等的民事主体之间人身关系和财产关系，而行政法的调整对象是行政过程中的行政关系以及监督行政关系。与民事关系相比，行政法调整对象的特征为：①行政法的调整对象是行政过程中发生的各种关系，与行政活动直接相关；②行政法并非调整行政过程中所有的关系，而是其中的行政关系与监督行政关系；③行政法调整的各种关系中必然有行政主体的参与，至少有一方当事人是行政主体；④行政法调整的各种关系中，各方主体的地位并非平等的，而是由一方主体行使公权力对另一方主体进行行政管理、行政救济或行政监督，体现了行政法调整对象中的权力性特点。

（三）行政法的公法性质

行政法学理论以公私法二元化为基础，公私法二元论认为，公法是有关权力关系的法律，私法是有关平等关系的法律，由此区分公法与私法两个法律体系，并将民法、商法等作为私法，而将宪法、行政法等作为公法。

作为公法的行政法调整的是行政权之间或行政权与个人权利之间的关系，涉及公共利益与个人利益之间的关系，因此，适用不同于民法的公法原理。行政法的公法特性决定了行政法调整方式的特殊性，与民法中平等、自愿的调整方式相比，行政法的调整方式存在着公共利益与公权力的因素。具体而言，在行政法中注重保障行政权的优越性与保障相对人的合法权益。即为了确保公正且切实地实现行政目的，一方面对于行政权的发动通过法律进行拘束，另一方面在法律关系的形成过程中保障行政权的优越性。

（1）行政法的权力特殊性。行政法的权力特殊性在于行政权在行政关系中的优越性，这种优越性主要表现在行政权在国家权力体系中与其他国家权力之间的关系以及在行政关系中与相对人的关系上。从行政法学理论来看，体现行政权优越性的理论主要有行政行为的公定力理论、特别权力关系理论、司法权界限论与行政机关首次判断权理论等。从行政法律制度来看，保障行政权优越性的具体制度主要有行政优先权制度、行政受益权制度、行政强制执行制度、诉讼不停止执行制度等。

（2）行政优越性的依据。承认行政权优越性的理由在于为了实现行政的公共利益目的，即为了迅速且适当地实现行政目的而赋予行政权以特殊的优越性。在民事法律关系中，根据当事人对等原则，法律关系的内容原则上在当事人的自由合意的基础上形成，当事人在民事法律关系中的权利义务完全对等。但在行政活动中，为了实现公共利益的目的，有时必须采取紧急性的强制性措施，此时如果按照当事人对等原则依据当事人之间的合意确定法律关系的内容，则不能顺利实现行政目的。而且，即使行政活动的目的本身能够立足于当事人对等原则通过当事人之间的合意而实现，在行政上承认意思形成的绝对自由有时反而会损害相对人的利益。因此，即使是基本以合意方式缔结的行政合同，为了保障公共利益的实现，有必要承认行政主体一方具有特殊的解约权、监督权等优先权。从这种观点来看，在行政活动中应当赋予行政机关单方性地拘束相对人意思的权力，承认行政权相对于相对人的优越性。由于行政权的这种优越性以实现公共利益为目的，因此，具有优越性的行政权又被称为“公权力”，与行政权有关的法律则被称为“公法”。

（3）行政优越性的对应。为了保障行政目的（公共利益）的实现，行政法赋予行政权以优越性，但同时为了保障相对人的合法权益，行政法对行政权的行使进行了严格的控制，并注重对相对人合法权益的特别保障。要求行政主体必须依法行政，即事先以立法的形式规定了行政活动的权限、内容、形式、程序等，要求行政主体严格依据法律规定行使行政职权，并由有关国家机关或社会组织、个人对行政活动的合法性进行监督。在行政活动侵犯相对人的合法权益时，为相对人提供各种救济的途径。这是行政法最核心的部分，有的观点甚至因此将行政法视为“控制行政权的法律”。

（四）行政法的存在形式

行政法的存在形式，即行政法的具体表现形式，是指行政法规范的存在形式或行政法规范的载体，又被称为“行政法的法源”。我国则采用成文法形式。因此，行政法的存在形式主要是指行政法的成文法形式。

1. 行政法的成文法形式

成文法形式又被称为行政法的正式法律渊源，主要包括宪法、法律、行政法规、地方性法规、行政规章等。

（1）宪法。宪法是国家的根本大法，其中涉及行政的规定是行政法的基本原则与根本规范。

（2）法律。法律是指由作为国家最高权力机关的全国人民代表大会及其常务委员会制定的规范性法律文件，在效力上是仅次于宪法的法律规范。其中，全国人民代表大会制定的是基本法律，全国人民代表大会常务委员会制定的是基本法律以外的法律。

（3）行政法规。行政法规是指作为国家最高行政机关的国务院为领导和管理国家各项行政工作，根据宪法和法律制定的有关政治、经济、教育、科技、文化、外事等各类法规的总称。制定行政法规是国务院的一项专有职权，是国务院为了实现对全国经济、社会、文化等各方面的有效管理的一种手段。因此，绝大部分行政法规在整体上均具有行政法性质。国务院制定的行政法规主要包括尚未由全国人大及其常委会制定行政法律的规范（授权立法）与根据行政管理的需要自主制定的管理性的规范（职权立法）两种类型。此外，由于国务院制定行政法规的程序与法律相比制定程序更为简单、迅速，针对紧急事态以及对策尚未成熟的情况，往往由国务院先制定行政法规。

（4）地方性法规、自治条例和单行条例。地方性法规、自治条例和单行条例是地方人民代表大会或其常务委员会制定的法律规范。地方性法规是指由省、自治区、直辖市以及省、自治区的人民政府所在地的市、经国务院批准的较大的市的人民代表大会及其常务委员会根据本行政区域的具体情况和实际需要，在不同宪法、法律、行政法规相抵触的前提下制定的规范性法律文件的总称。地方性法规在内容上涉及政治、社会、经济、文化等各个方面，其中有关行政管理的部分属于行政法律规范。

自治条例和单行条例是指由实行民族区域自治的自治区、自治州和自治县的人民代表大会依照宪法和其他法律规定的权限，结合当地的政治、经济和文化特点而制定的规范性法律文件的总称。自治条例和单行条例规定了民族自治区域的特殊事项，其中涉及地方自治机关的组织以及地方行政管理事务的部分属于行政法律规范。

（5）行政规章。行政规章包括部门规章和地方政府规章两大类。部门规章是指国务院各部、委员会、中国人民银行、审计署和具有行政管理职能的直属机构，可以根据法律和国务院的行政法规、决定、命令，在本部门的权限范围内，制定的规定、办法、实施细则等规范性文件的总称。除国务院各部门单独制定规章外，在涉及多部门管辖权的行政管理领域，各相关部门也可以联合制定规章，如教育部、财政部共同制定的《国家示范性高等职业院校建设计划管理暂行办法》等。地方政府规章是指由省、自治区、直辖市以及省、自治区、直辖市人民政府所在地的市和经国务院批准的较大的市的人民政府根据法律、行政法规、地方性法规，按照规定程序所制定的普遍适用于本地区行政管理的规范性文件的总称。

（6）决议、决定、命令、通知等文件。各级人民代表大会及其常务委员会可以作出有关本行政区域内的政治、经济、教育、科学、文化、卫生、环境和资源保护、民政、民族等工作的重大事项的决议或决定，对该区域内的行政管理的具有普遍约束力，属于行政法的存在形式。

国务院除制定行政法规外，有时也发布决定、命令、指令等，其中具有可执行性的部分也属于行政法的存在形式。当然，并非国务院所有的决议都是行政法的存在形式，而是其中具有可执行性的部分，但如果只是指导性的部分则不属于行政法的存在形式。

此外，中共中央和国务院联合发布的文件以及国务院有关部门和有关社会组织联合发布的文件也是我国行政法特有的表现形式。

（7）法律解释。法律解释是对法律、法规条文的含义所作的进一步说明

或补充。根据不同的标准，可以将法律解释区分为不同的类型。例如，根据法律解释是否具有一定的法律效力，可以将法律解释区分为无权解释与有权解释。无权解释是指由专家、学者等进行的解释，不具有法律效力，不属于行政法的存在形式。有权解释是指由法定机关进行的法律解释，法定机关包括全国人大常委会、最高人民法院、最高人民检察院、国务院及其主管部门，省、自治区、直辖市人大常委会，省、自治区、直辖市人民政府主管部门等。有权解释大致可分为立法解释、行政解释、司法解释与地方解释。这些有权解释中涉及行政法的部分属于行政法的存在形式。

（8）国际条约或协定。国际条约或协定是指两个或两个以上的国家在政治、经济、文化、军事等方面规定相互间权利和义务的各种协议的总称。行政法是有关行政的国内公法，而国际条约或协定则属于国际法。但是，国际条约或协定一旦签订并获得全国人大常委会批准后，对我国就具有拘束力，其中内容涉及国内行政管理的部分也属于我国行政法的存在形式。

2. 行政法的不成文法形式

不成文法渊源是指法律习惯、法律原理或原则、法院判例、行政先例等法的表现形式，与上述成文法相比，又被称为非正式法律渊源。

（1）行政惯例。行政惯例是指在有关行政法领域的社会生活或行政运营中，持续多年的习惯得到了人们的法律确信，作为法律规范而被承认，又被称为“习惯法”。但惯例或习惯法与习惯不同，惯例是一定区域的人们长期形成的习惯，已经得到人们的确信。例如，我国民族地区存在很多独特的风俗习惯，其中与行政相关的部分属于行政法的存在形式。特定习惯形成行政惯例必须具备的条件包括：①该习惯必须长期存在，并得到民众的认可、确信；②该习惯不得违反成文法的规定或行政法的基本原则，惯例作为行政法的存在形式，仅起到补充成文法不足的功能，而不能替代或推翻成文法；③惯例的适用范围往往具有一定的民族或地域等限定，适用于较大范围的惯例应当及时将其转化为成文法形式。

（2）行政判例。判例是指法院对特定案件的判决构成的先例，在该法院或下级法院以后遇到相同的案件时，按照该先例进行判决。判例是由法院在审判具体案件过程中发现、总结出的法律规则，与法院对法律进行解释的司法解释不同，被称为“判例法”。判例法强调“遵循先例”原则，我国虽然没有采用英美法系这种判例的先例拘束主义，但判例对于法院审理案件具有一定的参照意义。

（3）行政法律原则。行政法律原则是指在行政法律体系中作为法律规则的指导思想、基础或本源的综合的、稳定的法律原理和准则，是行政法律解释的基本原理，在欠缺行政法律规范时具有补充法律的作用。行政法原则包括两种类型：其一是指一般法律原则，如平等原则、比例原则、信赖保护原则、正当程序原则、行政责任原则等；其二是指从成文法中推导出的法律原则，如各行政法律规范所规定的法律目的、法律原则等。

第二节　行政法的地位与作用

一、行政法的地位

行政法在我国法律体系中占据着举足轻重的地位，其重要性不容忽视。

首先，从法律体系的宏观架构来看，行政法是一个独立且不可或缺的法律部门。它与刑法、民法等法律部门共同构成了法律体系的核心，作为最高层次的法律规范集合体之一，为国家的法治建设提供了坚实的支撑。这种独立性体现在行政法调整对象的特殊性上，其调整的是国家行政机关在行使行政权过程中产生的社会关系，这种关系与其他法律部门所调整的社会关系有着本质的区别，既不能相互代替，也不能相互混淆。

其次，行政法与宪法的关系极为密切，可以说是宪法最重要的实施法。宪法是国家的根本大法，规定了国家的基本政治、经济、文化等社会制度和公民的基本权利义务。而行政法则是这些制度得以落实、权利得以保障的重要法律工具。行政法通过具体的法律规定和制度设计，将宪法中的抽象原则具体化、操作化，使宪法所规定的国家制度和公民权利能够在现实生活中得到切实保障。如果没有行政法，宪法就难以实施，国家制度和公民权利也就难以得到保障。

最后，随着现代社会经济文化的飞速发展，社会公共事务的不断增加，行政管理的内容也日益丰富和复杂。这使得行政法所调整的社会关系也在不断扩大和深化。一些传统上由刑法、民法等法律部门调整的对象，如环境保护、食品安全、知识产权等领域，正逐步纳入行政法的调整范围。这种趋势使行政法在法律体系中的地位变得更加突出和重要。它不仅需要适应社会发展的

需求，不断完善和调整自身的法律规范，还需要与其他法律部门保持紧密的协调和配合，共同维护国家的法治统一和权威。

二、行政法的作用

（一）维护社会秩序与公共利益

随着社会的不断进步，政治、经济、文化等各个领域都呈现出蓬勃发展的态势。然而，这些积极的变化也伴随着一系列不可避免的社会矛盾和挑战。这些矛盾可能源于资源分配不均、利益冲突、价值观差异等多个方面，它们往往会带来一系列严重的社会问题，如经济秩序混乱、公共利益受损、社会秩序遭到破坏等。面对这些复杂而严峻的社会问题，行政法的作用显得尤为突出。

首先，行政法通过制定行政法律规范，为社会成员设定了明确的行为准则和界限。这些规范不仅涉及国家行政机关的职权和职责，也涵盖社会成员的权利和义务。通过法律的约束和指引，社会成员能够清晰地了解自己的行为边界，减少因不了解法律而产生的违法行为。

其次，行政法赋予了国家行政机关相应的执法权力。国家行政机关通过行政执法活动，对社会成员的行为进行监督和检查，及时发现和制止违法行为。同时，行政法还规定了严格的法律责任和处罚措施，对于违反法律的行为给予相应的惩罚，从而起到预防和震慑的作用。

最后，行政法通过行政司法等途径，解决因行政行为引发的纠纷和争议。当社会成员认为自己的权益受到侵害时，可以通过行政诉讼等法律途径寻求救济。这不仅有助于保护社会成员的合法权益，也有助于维护社会公正和稳定。

（二）防止行政权力滥用

行政活动作为国家管理的核心环节，其核心在于行使行政权力。这种权力作为一种强制他人服从的力量，具有巨大的影响力和决定性作用。然而，正因为行政权力的这种特性，其行使过程中存在着滥用的风险。一旦行政权力被滥用，不仅可能改变或重新确立行政机关与公民、法人或其他社会组织之间的关系，也可能严重损害后者的合法权益，破坏社会的公平与正义。

因此，对行政权力进行制约和监督，确保其在合法、合理、公正的范围内行使，是行政法的重要使命。不受监督的权力就像脱缰的野马，极易导致权力的腐败和滥用，这一点早已被历史和实践反复证实。

行政法通过一系列精细的制度设计，有效地实现了对行政权力的制约和监督。首先，行政法规定了行政权力的取得方式和程序，确保行政机关在合法的范围内获得行政权力。其次，行政法详细规定了行政权力的行使方式和适用范围，要求行政机关在行使权力时必须遵循法定的程序和标准，不得超出其法定职权范围。最后，行政法还规定了行政权力行使过程中可能引发的法律责任，对于违法行使权力的行为，将依法追究相应的法律责任。

此外，行政法还通过行政监督、行政复议、行政诉讼等机制，为公民、法人或其他社会组织提供了对行政机关行使权力行为进行监督和救济的渠道。当公民、法人或其他社会组织认为行政机关的行政行为侵犯了自己的合法权益时，可以通过这些渠道进行申诉和救济，从而维护自己的合法权益。

（三）保障行政机关的行政管理绩效

行政管理绩效是衡量行政机关工作成果的重要标准，它反映了行政机关在履行职责、提供服务过程中的效率、效益和质量。一个高效的行政管理系统不仅要求有高素质的行政组织及其工作人员，更需要有严格、公正、高效的行政工作程序来确保各项工作的顺利进行。在这一方面，行政法发挥了至关重要的作用。行政组织法、公务员法、行政程序法等行政法律规范为行政机关提供了坚实的法律保障，确保了行政管理活动的顺利进行。

首先，行政组织法为行政机关的组织结构、职责权限、运行机制等提供了明确的法律规定，确保了行政机关在组织架构上的合理性和高效性。这有助于行政机关更好地履行职责，提高行政效率。

其次，公务员法为行政机关工作人员的选拔、培训、考核、奖惩等方面提供了法律依据。通过公务员法的实施，行政机关可以选拔出具备高素质、专业能力强的优秀人才，加强行政机关的人才队伍建设。同时，公务员法还规定了严格的考核和奖惩机制，激励公务员不断提高自身素质和工作能力，为行政机关的高效运转提供了人才保障。

最后，行政程序法为行政机关的行政行为提供了明确的法律规范和程序要求。它要求行政机关在行使权力时必须遵循法定的程序和标准，确保行政行为的合法性和公正性。同时，行政程序法还规定了行政行为的效率要求，要求行政机关在合理的时间内完成行政任务，提高行政效率。这些规定有助于行政机关在行使权力的过程中更加注重程序的公正性和效率性，确保行政管理绩效的实现。

（四）保障公民、法人与其他社会组织的合法权益

行政法在保障公民、法人及其他社会组织的合法权益方面发挥着至关重要的作用，它明确赋予了行政机关相应的行政权力，以确保行政机关能够有效地履行其职责，维护社会的稳定与发展。同时，行政法并不只是简单地赋予权力，更通过一系列的法律机制来监督和约束行政机关的权力行使，确保这些权力在合法、公正、适当的范围内得以运用。

具体而言，行政法通过设定严格的程序要求和法律责任，对行政机关的行政行为进行严格的监督和审查。当行政机关的行政行为可能或已经对公民、法人或其他社会组织的合法权益造成侵害时，行政法能够及时介入，纠正违法或不当的行政行为，防止损害进一步扩大。

此外，行政法还赋予了公民、法人及其他社会组织对侵犯其合法权益的行政行为进行救济的权利。这些救济途径包括行政复议、行政诉讼以及请求赔偿等。当公民、法人或其他社会组织认为自己的合法权益受到行政机关的不当侵害时，可以通过这些途径寻求法律的帮助和保护。这些救济途径的存在，不仅为公民、法人及其他社会组织提供了有效的维权渠道，也进一步增强了行政机关的责任感和使命感，促使行政机关在行使权力时更加谨慎、公正。

第三节　行政法的基本原则

行政法的基本原则是行政法体系的重要组成部分，贯穿行政法治实践全过程，并且对行政法的制定、执行、适用和遵守具有规范和指导功能，体现行政法价值内核的根本准则，是宪法理念和宪法原则在行政法领域的具体化和实践。“行政法基本原则是宪法的具体化，是行政法法理的法律化。”①

行政法的基本原则在行政法治实践中具有重要意义：①揭示行政法的主要矛盾和本质，界定行政法发展的框架和方向。行政法的基本矛盾是法与行政的关系，行政法的基本原则即人们在应对法与行政这一基本矛盾过程中通过不断思考、实验，提炼和总结出的反映行政法本质的准则。它一方面来自具体的行政实践，另一方面可以反作用于行政实践。②指导和规范行政法规范的制定、执行、司法适用等实践活动。③弥补行政法规范的漏洞，完善行

① 梁园，杨格．行政法基本原则的反思与重构［J］．法制与社会，2021（15）：174.

政法体系。社会实践总是处于不断地发展变化中，而行政法规则的制定往往滞后于社会现实。当特定个案没有可供直接适用的行政法规则时，执法者或法官可以通过解释、演绎行政法的基本原则处理个案。④行政法基本原则的确立及其运用，有助于全面推进我国依法行政和法治政府建设。“行政法基本原则是人们了解行政法的基本内容，只有了解行政法基本原则，才能更清楚、彻底地了解行政法的本源与设立，才能准确地理解和使用行政法律法规。”[①]

一、依法行政原则

依法行政，或称行政法治，是各国行政法的共同理念或基本原则，其基本含义在于行政机关和其他行政公务组织必须依法行使行政权或者从事行政管理活动。在我国，依法行政是在建设社会主义法治国家实践中必须完成的基本任务。

依法行政原则的确立，对我国行政法治建设具有划时代的意义。我国明确强调深入推进依法行政，加快建设法治政府，要求各级政府必须坚持在党的领导下、在法治轨道上开展工作，创新执法体制，完善执法程序，推进综合执法，严格执法责任，建立权责统一、权威高效的依法行政体制，加快建设职能科学、权责法定、执法严明、公开公正、廉洁高效、守法诚信的法治政府。为实现这一总体目标，依法行政发展方向为：①依法全面履行政府职能；②健全依法决策机制；③深化行政执法体制改革；④坚持严格规范公正文明执法；⑤强化对行政权力的制约和监督；⑥全面推进政务公开。这些要求为我国行政法的发展，尤其是行政法基本原则的确立提供了时代契机。

在行政法学理论和实践上，依法行政原则重在解决行政与法的关系问题。关于依法行政原则的具体内涵与外延，理论上有着不同见解，但基本的共识集中表现在职权法定、法律优先和法律保留三个方面。

（一）职权法定

职权法定是依法行政原则的基本要求之一。所谓职权法定，是指国家行政机关以及其他组织的行政职权，必须由法律予以规定或授予。否则，其权力来源就没有法律根据。因为行政机关的职权并不是行政机关所固有的，而是经人民或人民意志代表机关通过法律授予的；没有法律的授予，行政机关既不可能具有行政权也不可能行使行政权。

① 李端林．关于我国行政法基本原则的理论探讨［J］．法制博览，2018（6）：91.

行政权力的行使，与公民权利的拥有及行使有着明显的区别。对于公民来说，凡法律没有禁止的，即视为自由。换言之，只有法律明文禁止的，公民才不得为之；对于法律没有禁止的事情，公民有权为之。但是，对于行政机关而言，一般来说需要有法律授权或法律的规定。

行政机关或其他行政公务组织的职权法定，一般有两种情形：一是行政机关组织法规定的职权，由组织法分配或划定了行政机关与其他国家机关之间的权限、行政机关相互之间的职权范围；二是单行的法律规定了哪些事项由何行政机关或者组织管辖。当然，这种职权法定的“法”从要素上来看，不仅指法律具体规则的授权，还包括法律原则的规定。

“职权法定”的基本要义在于，行政权力及其行使来源于“法定”而非“意定”。这一原则在我国法律中已经有相应具体体现。

（二）法律优先

法律优先原则又称为消极的依法行政，是指行政活动均不得与民意代表机关制定的法律相抵触，即法律优先于行政。这一原则主要有两个方面的含义：一方面，含有规范位阶的意义，所有行政活动在位阶上均低于法律，即法律的效力高于行政行为；另一方面，行政行为至少不得与法律规定相违背。

法律优先原则是人民主权这一宪法原则在行政法领域的体现。人民主权原则意味着国家的主权属于人民，反映人民意志的法律应当由人民通过民主程序选举的代表组成的议会或国会依照民主程序制定，政府（行政系统）作为受人民委托而履行行政职能的机构，其行为必须服从于反映人民意志的法律。在我国，根据宪法的规定，我国的一切权力属于人民，代表人民行使权力的国家机关是全国人民代表大会和地方各级人民代表大会，全国人民代表大会是最高国家权力机关。因此，由国务院领导的整个行政系统的行政活动，都不得与全国人民代表大会及其常委会制定的法律相抵触。在全国人民代表大会及其常委会就某一事项作出法律规定的情形下，国务院及其领导的行政系统必须严格遵照执行，不得采取与法律相抵触的行动，否则即属违法行为，应当承担违法责任。

（三）法律保留

法律保留原则又称为积极的依法行政，与职权法定的内涵存在一定重合与交叉，具体是指行政机关的行为必须有明确的法律授权，法律无明文授权即无行政。在这里法律仅指全国人大及其常委会制定的法律。对于某些事项，没有法律授权时行政机关就不能为之，否则就属于违法。如果宪法或宪法性法律将某些事项保留在立法机关，则须由立法机关通过法律加以设定或规定。在法律保留原则下，行政活动的做出必须有法律（或授权法）的明文依据，否则不得为之。法律保留原则，一般适用于干涉行政领域或者对公民权益影响重大的领域。法律保留可分为绝对保留与相对保留。

绝对保留即某些事项的决定权只能归属于最高立法机关，任何其他国家机关不得行使，而且该事项只能通过法律加以规定，不得授权行政机关或者其他国家机关行使。

相对保留即某些事项原属于立法机关通过法律予以设定的范围，但在某些情况下法律可以授权行政机关或其他国家机关行使。对于尚未制定法律的事项（非绝对保留的事项），全国人民代表大会及其常务委员会有权作出决定，授权国务院可以根据实际需要对其中的部分事项制定行政法规。

二、行政合理性原则

现代行政法虽然要求职权法定，但立法者需要授予行政主体广泛的行政裁量权，这是立法者希冀给行政主体更多裁量权来应对未来复杂多变的现实生活。行政主体享有广泛的行政裁量权，这是各国公共行政领域一个不可避免的事实。不过，从正义原则的要求和保障人权的目标考虑，即使是裁量权，也不可恣意妄为，而应当符合合理的要求。因而，要建立健全行政裁量权基准制度，细化、量化行政裁量标准，规范裁量范围、种类、幅度。为了评价和控制行政裁量权，行政合理性原则得以提出并获得广泛认可，从而成为行政法的一个基本原则，其内涵主要表现为比例和平等对待两个方面。

（一）比例原则

比例原则具体由三个子项构成：适当性、必要性和衡量性。

1. 适当性

适当性是从行政行为目的的角度所作的要求，即行政行为的做出要适用于目的的实现，或者说不得与目的相背离。在这里，目的既包括行政的一般目的，也包括法律授权的特定目的。

适当性要求：行政机关在作出行政决定时，面对多种可能选择的措施，必须择取确实能达到法律目的或行政目的之措施，如为了追求高效和优良的行政管理，在公务员的选拔上往往采取限制学历的办法，但如果为了实现该

目的仅采取限制学历的办法，则不能促使该行政目的的实现，此种情形即属违反适当性。

2. 必要性

必要性是从手段上对行政行为所作的要求。它是指行政行为不能超越实现目的之必要程度，即为达成目的面对多种可能选择的手段，必须尽可能采取对人民利益影响最轻微的手段。必要性的基本要求在于，使用不激烈手段或者最温和手段。

必要性要求：一方面必须采取最轻微手段，另一方面只有在最后关键时刻而不得不采取激烈手段（无其他可行及慎重的手段可供选择）时方使用激烈手段。

3. 衡量性

衡量性又称平衡原则，是指手段应按目的加以衡量，即干涉措施所造成的损害轻于达成目的所获得的利益，才具有合法性。换言之，行政机关在作出行政行为时，面对多种可能选择的手段，对手段的选择应按目的加以衡量。

衡量性要求：在目的与手段之间保持比例，不致行政机关为实现行政的目的而造成公民权益的过度损害。

（二）平等对待

平等对待是人类生活中相互交往的基本原则，也是行政主体在履行职责、行使裁量权时必须遵循的原则。平等对待的基本含义是，非有正当理由不得为区别对待，即非歧视原则。在行政法领域，平等对待的具体要求主要表现在以下几个方面：

第一，行政主体应平等对待行政相对人。在行政权的行使过程中，行政主体应平等地、无偏私地行使行政权，平等地对待一切当事人。当然这种平等对待，也需要行政主体做到相同的情况作出相同的对待，不相同的情况做出有差别的安排。

第二，国家应平等对待行政主体与行政相对人。一方面，立法机关在立法上应平等地对待行政主体与行政相对人，根据行政主体与行政相对人所处的不同地位给予一种“差别待遇”，公平地分配双方的权利义务，从而实现实质意义上的平等。这是因为行政主体在行政管理活动中居于强势，而处于被管理者地位的行政相对人居于弱势，立法就应针对他们不同的地位赋予他们不同的权利义务。行政主体应负有更多的义务，而行政相对人则应拥有更多的权利。另一方面，司法机关或者其他监督（或救济）机关在司法过程中应平等地对待行政主体与行政相对人，以一种独立、中立的立场来公正地处理双方的关系，而不能因为行政主体处于强势地位、行政相对人处于弱势地位就偏袒行政主体，否则会使强者更强、弱者更弱。

三、程序正当原则

法律正义，包括实体正义和程序正义两个方面。正当的程序不只是实体正义的工具，在许多情况下，只有通过正当程序方可求得正当的实体结果。行政主体行使行政职权和履行行政职能时需要经历一个时空过程，在该过程中行政主体该如何具体行动，关系行政相对人合法权益的实现。从充分保障公共利益和行政相对人的合法权益角度考虑，行政主体在行政过程中必须遵循程序正当原则。作为行政法的基本原则，程序正当原则的内涵，主要表现在行政公开、程序公正和公众参与三个方面。

（一）行政公开

行政公开可以实现公民的知情权，满足公民对信息的需要。在现代社会，公民有权了解政府的活动，而政府对其制定的政策、规章以及作出的具体决定，有义务向公众公开，接受公众的监督。

行政公开有利于公民参与对行政事务的管理，增强公民对行政机关的信赖。知情权是公民实现其政治权利及其他相关权利的前提条件。公民只有在充分、确实了解政府活动的基础上才能有效参与国家事务和社会事务的管理。在现代社会，行政机关活动的一个重要的变化是，行政行为从命令型向服务型、合作型转变，行政机关的任务需要公民的合作才能完成。行政公开通过加强行政机关与公民之间的沟通和了解，促进公民对行政事务的参与，有助于维护公民对政府的信赖。

行政公开有利于防止行政腐败。行政公开是监督行政机关一条非常重要的途径。将政府的政策、规章以及行政活动的过程和结果予以公开，使公众有权知悉和公开评论，可以有效地防止行政专断和腐败。许多国家的行政程序法都规定了信息公开制度。

行政公开原则的基本要求：①行政立法和行政政策公开，特别是制定行政法规、规章、政策的活动应公开，行政法规、规章应一律在政府公报或其他公开刊物上公布，行政政策除依法应当予以保密的内容外，也应通过一定形式予以公布。②行政执法行为公开，包括：执法行为的标准、条件公开；

执法行为的程序、手续公开；涉及相对人重大权益的行政执法行为，如涉及人身权或重大财产权的行政处罚等，应采取公开形式举行，如举行听证会，允许一般公众旁听，甚至允许新闻记者采访、报道等。③行政裁决和行政复议行为公开。行政机关无论是实施行政裁决行为还是行政复议行为，其行为的依据、标准、程序都应公开，让当事人事先知晓。④行政信息公开。⑤行政诉讼及裁判结果公开。

（二）程序公正

程序公正是法律正义的基本内涵。在救济程序领域，程序公正的基本要求有两个：一是任何人不得做自己案件的法官；二是任何人在受到不利对待时应当给予其陈述和辩护的机会。前者意在克服人性的自私缺陷，预防执法者因私枉法；后者意在实现兼听则明，通过听取即将受到不利对待之人的陈述和辩护获取更加全面和多元的信息，以便执法者可以在更充分、更多元的信息基础上作出合理的决定。随着行政程序法的兴起和发展，原来适用于诉讼法上的公正原则被移植到行政法领域，其目的在于规范行政主体适用法律作出对利害关系人合法权益至关重要的行政决定的行为。

具体而言，行政程序公正意味着：①行政机关工作人员不得处理与自己有利害关系的行政案件，行政复议工作人员和法官也不得审理与自己有利害关系的行政案件。②听取利害相关人的意见。当行政主体做出对当事人可能产生不利影响的行政行为时，必须事先听取当事人的意见，否则就如同司法上的不审而判，显失公正。③说明理由。行政主体在作出行政决定时，特别是作出对当事人不利的决定时，负有说明理由的义务，包括说明作出行政决定的法律原因和事实原因。④不得单方接触。即行政主体在作出处理决定前，不得在一方当事人不在场的情况下与另一方当事人接触，以防止偏听偏信或先入为主，从而导致不公平。

（三）公众参与

所谓公众参与，是指作为行政相对人的公民、法人或其他组织有权参与行政过程，有权对行政主体即将作出的行为表达意见，而且该等意见应当获得行政主体的尊重。在人民主权原则得以普及和切实贯彻的时代背景下，行政相对人参与公共行政，与行政主体间形成和谐的服务与合作关系，应当是现代公共行政所追求的目标。在行政民主化理念支配下，服务与合作是现代公共行政的时代特质。从行政法的发展变迁角度来看，行政参与也是现代行政程序法的核心价值，意在实现人民在行政过程中的主人地位和对公共事务的治理权力，弥补传统行政法通过事先立法和事后司法审查监控行政权的制度实践的不足。公众参与行政原则的基本要求主要表现在以下几个方面：

第一，信息公开透明。除法律明确规定为国家秘密、商业秘密和个人隐私而不得公开的外，公共行政应该公开透明。通过信息的公开透明保障社会公众的知情权，应该是一种最低限度的公众参与。如果公共行政完全不公开、不透明，公众就无从知悉公共行政的内容、目标、进展等。无权知情、不能知情和不想知情均意味着公众不能参与公共行政。

第二，行政主体在作出影响社会大众的合法权益的公共政策或制定法规、规章及行政规范性文件时，应当充分保障公众的参与机会，特别是信息披露、理由说明、公众表达意见的机制保障以及对公众意见的处置情形的公布等。

第三，行政主体在个案中就特定利害关系作出行政行为时，应当在最终作出决定前，给予当事人陈述与申辩的机会，并且回答当事人的疑虑，在充分考虑当事人合理意见的基础上作出合理决定。在法律有特别规定的情形下，行政主体作出对特定利害关系人影响重大的行政决定时，应当依法举行听证会，保障利害关系人的参与权。

第四，应当建立保障公众参与权实现的救济机制。行政主体侵害公众参与权的，法律应当提供充分有效的救济。

四、诚信原则

诚实信用是人类社会的核心价值观，也是行政法的基本原则，其基本内涵主要包括诚实守信和信赖保护两个方面。

（一）诚实守信

人们在社会关系中应讲求诚信。对于国家和政府而言，诚信才能立国、立威、立信。根据我国目前法治建设情况，在行政法中确立诚信原则至为必要和迫切。从字义上来看，诚实是指真实无伪，守信是信守诺言，不反言。在行政法中，诚实守信主要体现在以下几个方面：

第一，行政主体在履行职责时，必须恪守诚信，坚决不能为了一己私利而欺骗行政相对人。这意味着行政主体必须严格遵守法律、法规、政策的初衷和目的，不得有任何违背，否则不仅会严重损害政府的权威和公信力，还会对社会的和谐稳定造成负面影响。

第二，在制定法律、政策、决定和作出承诺前，政府必须秉持审慎的态度，

充分考虑各种复杂的情形，广泛听取各方意见。只有在充分论证、审慎权衡的基础上，才能作出明智的决定。若政府恣意妄为或率性而为，不仅会导致决策的失误，还可能使政府陷入无法执行曾经作出的决定的尴尬境地。

第三，行政主体在行使职权时，必须严格依法行政，不得任意反悔。如果确实因为客观情况的变化而不得不改变原有决定，那么行政主体必须承担相应的法律责任，以维护法律的尊严和权威。

第四，法律规范应具有稳定性和不可溯及性，这是法治的基本要求。行政法律规范同样需要保持稳定性和连续性，以便公民能够预测和遵守。当然，行政法与其他法律部门相比，其稳定性可能稍差，但其变化也必须与社会变化和发展保持一致。立法者不能随心所欲、朝令夕改，否则法律将失去其应有的尊严和权威。同时，行政法通常也不得溯及既往，特别是对于对公民产生不利影响的法律，更应如此。

第五，行政活动应具有真实性和确定性。行政主体在作出行政活动时，必须出于真实的目的和意图，确保意思表示真实、准确。这种真实性不仅适用于行政法律行为，也应适用于行政事实行为，如咨询、信息提供等。如果行政主体的行为虚假或错误，并因此造成公民合法权益的损害，那么行政主体必须承担相应的赔偿义务。此外，行政行为一经作出，即具有确定性，非经法定事由和法定程序，不得随意撤销、更改或废止。这既是对行政活动连续性、一致性与稳定性的要求，也是对保障公民权益的必然要求。

（二）信赖保护

信赖保护原则，由传统法理中的诚实信用原则、法律安定性原则以及人民基本权利保障原则等综合演化而成。它是指人民基于对国家公权力行使结果的合理信赖而有所规划或举措，由此而产生的信赖利益应受保护。信赖保护原则主要包括两个方面：一是信赖保护的适用条件；二是信赖保护的法律效果。

1. 信赖保护的适用要件

（1）有信赖基础，即须行政机关作出了一定的行政行为，如命令或决定，否则就没有人民信赖的基础。

（2）有信赖表现。人民须因信赖行政行为而有客观上具体表现信赖的行为，如安排其生活或处置其财产。如果纯属人民的主观愿望或期待而没有已生信赖的客观事实表现，尚不足以主张信赖保护。

（3）信赖值得保护。人民的信赖须值得保护，如果信赖有瑕疵而不值得保护，即适用无信赖保护原则。例如，以欺诈、胁迫或贿赂方法使行政机关作出行政行为的，或对重要事项提供不正确资料或不完全陈述而致使行政机关依该资料或陈述作出行政行为的，或明知行政行为违法或因重大过失而不知行政行为违法的，就属于信赖不值得保护的情形。

2. 信赖保护的法律效果

信赖保护的法律效果可分为存续保护与财产保护，且两者之间存在选择关系。

（1）存续保护。系指不论现存法律状况是否合法，为了稳定人民所信赖的法律状况，维持原来的信赖基础。这主要适用于对授益行政行为的撤销（或废止）方面，即在不得撤销的情形下（撤销对公益有重大危害者、信赖利益显然大于撤销所欲维护的公益者），让违法的授益行政行为继续存在。

（2）财产保护。即以适当的财产补偿来减轻行政相对人因合理信赖所造成的损失。如果授益行政行为因违法而必须被撤销的，对受益人因信赖该行政行为而遭受的财产损失，应给予合理的补偿。尽管我国现行法律没有明确关于撤销违法授益行政行为的补偿制度，但存在因变更或撤回行政行为的补偿制度。

五、高效便民原则

高效便民是指行政机关应依法高效率、高效益地行使职权，最大限度地方便人民群众，从而更好地服务于人民和实现行政管理的目标。高效便民，是行政管理规律和建设服务型政府的基本要求。基于行政“为人民服务”的基本目标，行政机关应按照以人为本和方便群众的要求，及时有效、方便快捷地提供公共产品和公共服务，减少不必要的环节和麻烦。高效便民原则，在我国主要是针对目前公共行政存在的效率低下、服务意识缺乏等提出的。

（一）高效原则

高效原则，即以最低成本在最短时间内创造出更多的成果。高效原则成为现代行政法基本原则的主要缘由：①政府系统及其运转是由纳税人通过税收供养的，纳税人有权要求尽可能减轻负担；②在人民主权理念支配下，现代行政被理解为服务行政，公众作为公共行政服务的受益人，有权利要求以尽可能低的成本获得更多、更优质的公共服务；③改变我国公共行政成本高、服务质量低的现实。

高效原则在行政法上的基本要求：①精简机构，裁撤冗员，降低公共行

政的人力成本，减轻民众的税负。②公共行政必须坚持为民服务的宗旨，以满足人民的真实需求为施政方向，坚持从实际出发，量力而行，兼顾各方诉求，杜绝华而不实的政绩工程和面子工程，慎重决策，认真实施，杜绝浪费。③行政决策、行政决定必须进行成本效益核算，禁止采取得不偿失的行政活动。④公共行政应当严格遵循法定时限，禁止拖拉。⑤改进行政工作作风，消除非法设置的人为障碍和前置条件，使行政相对人办事顺利、顺心、顺畅。要以流程最优、环节最少、审批最简、服务最优、效率最高给行政相对人提供程序便利。

（二）便民原则

便民原则，是指使民众能够方便获得行政主体提供的公共服务。现代行政是服务行政，政府是公共服务的提供者，民众是公共服务的享受者，但民众获取政府提供的公共服务必然是有成本的，这种成本不仅是指公众事先通过纳税支付的经济成本，而且包括民众在获取特定公共服务时所花费的时间成本和经济成本。便民原则作为行政法的基本原则，其主旨在于通过改进行政主体提供公共服务的地点、方式等尽可能减少民众的成本。

结合我国的行政现实，便民原则的基本要求是：①在特定的时空条件下，政府应当充分利用各种可能的技术手段、方式和方法，保障民众以最低成本和最便利方式获取法律、法规、规章、行政规范性文件以及其他公共信息。②行政机关的办公场所和服务场所应当尽可能接近服务对象，尽可能减少民众获取公共行政服务的交通成本和时间成本，如服务进社区等。③行政事权和行政人员应当尽可能下放到基层，尽可能便利民众办事。④通过机构整合或服务窗口合并，将分散于不同行政部门但又密切相关的行政事项在程序上尽可能一体办理。⑤应当健全服务咨询制度，及时、准确、全面解答民众的咨询和疑问，使民众准确知悉获取公共行政服务应当具备的条件和提供的手续，尽量少跑冤枉路。⑥在特殊情况下，如服务对象丧失行动能力等，应当提供上门服务。

六、监督救济原则

有权力必有监督、有权利必有救济是基本的法律原理与原则。行政法是规范行政权力之法，更是保障人民利益之法。因而，无论是从行政法的基本目的和根本宗旨出发，还是从建设法治政府、责任政府的要求出发，都需要确立对行政机关或者其他行政公务组织及其行政活动进行监督和救济的原则。

党的十八届四中全会强调要“强化对行政权力的制约和监督，完善纠错问责机制”，就是对“监督原则”提出的明确要求，而如何“依法维护人民权益”的若干机制的表达——健全依法维权和化解纠纷机制，建立健全社会矛盾预警机制、利益表达机制、协商沟通机制、救济救助机制，畅通群众利益协调、权益保障法律渠道，则可视为“救济原则”的体现。

（一）监督原则

所谓监督原则，即监督行政的原则，是指有权国家机关、公民、法人或者其他组织对行政机关或其他组织的行政活动有权进行监督与问责。基于“权责一致”和“有权力必有监督”的要求，监督原则主要包括监督与责任两个方面的内容：

1. 监督

监督主要表现在以下两个方面：

（1）自觉接受“他律”监督。各级人民政府和政府部门（或者其他组织及其人员），要自觉接受人大及其常委会的监督、政协的民主监督和人民法院依法实施的监督。不仅如此，还应接受来自人民群众的监督，并应依法保障人民群众监督政府的权利。

（2）加强行政内部层级监督和专门监督。上级行政机关要切实加强对下级行政机关的监督，及时纠正违法或者不当的行政行为；保障和支持审计、监察等部门依法独立行使监督权。

2. 责任

责任主要表现在以下三个方面：

（1）行政机关有责任依法行使职权。

（2）对违法、不当行为及其他造成公民或组织权益损害的行为应当承担责任。

（3）问责。坚持有错必纠、有责必问。对有令不行、有禁不止、行政不作为、失职渎职、违法行政等行为，要依法依纪严肃追究有关领导直至行政首长的责任，督促和约束行政机关及其工作人员严格依法行使权力、履行职责。

（二）救济原则

法律的根本宗旨在于保护人民的利益，为保护人民的利益，法律还必须设定保障其权利实现的途径与机制。有权利必有救济、无救济即无权利，可

以说是一条法律公理。在行政活动中，行政机关极易对行政相对人的权益造成损害，如果没有对因其违法或不当的行政活动造成损害的弥补与救济，行政公权力就会“任性”地行使，从而使人民的权益处于一种危险状态。因此，从保障人民的合法权益角度出发，必须给予公民或组织在其合法权益受到行政违法或不当侵害的情况下享有充分救济的权利。

处于行政相对人地位的公民、法人或其他组织的救济权利，主要包括申请行政复议权、提起行政诉讼权、要求赔偿权或补偿权以及救济过程中的相应权利等。这些救济权的行使及实现，在我国主要通过行政复议、行政诉讼、国家赔偿与补偿等制度来保障。

第二章　行政法律关系及其主体

第一节　行政法律关系

一、行政法律关系的特征

法律是社会关系的调整器，法律关系是指在法律规范调整社会关系的过程中所形成人们之间的权利和义务关系。受行政法所调整的社会关系就是行政法律关系。具体而言，行政法律关系是指为行政法所调整的，具有行政法上的权利与义务的各种社会关系。简言之，行政法律关系就是受行政法调整的行政关系。但是行政法律关系不同于行政关系。“行政法律关系诞生时有强烈的民族诉求和严谨的科学追求。它在现代风险社会中可以发挥法治功能、认知功能、规范供给功能和体系化功能。”①

行政法律关系可以从下三个方面理解：①行政法律关系是受法律调整或约束的一种社会关系；②行政法律关系是因行政活动产生或引发的社会关系；③行政法律关系是一种行政法上的权利义务关系。

行政法律关系具有以下特征。

（一）主体具有恒定性

在行政法律关系的构建中，一个不可或缺的要素是行政主体的存在。行政法律关系的双方，其中一方必然是行政主体；如果不存在以行政主体为一方当事人的情况，那么这种法律关系就不足以被认定为行政法律关系。在行政法律关系的框架内，行政主体的角色和地位是固定不变的，不能由其他当事人来替代。这意味着，在行政法律关系中，行政主体和其他当事人各自扮演着明确的、不可互换的法律角色，他们的地位是由法律预先设定的，不可随意更改。

① 王本存．行政法律关系的功能与体系结构［J］．现代法学，2020，42（6）：96.

（二）内容具有法定性

行政法律关系的内容一般是法定的。行政法律关系当事人之间通常不能相互约定权利义务，不能自由选择权利和义务，必须依据法律享有权利和承担相应的义务。在行政法律关系中，其主体相当一部分是国家行政机关，其拥有并行使的都是国家行政权力。行政权力是法律赋予的，是有限的，是受到《中华人民共和国宪法》（以下简称宪法）和法律法规限制的。同时，行政权力属于公权力，不同于个人的私权利，不能由掌握权力的国家机关随意处分。由于在行政法律关系中，行政权力不能自由处分，就使得行政法律关系双方当事人通常对权利义务的许多问题不能超越法律相互自由约定，只能根据法律规定严格行使权利或履行义务。但随着合作行政、行政合同和政府特许协议的出现，行政法律关系双方当事人之间的权利义务在某些领域可以约定。

（三）主体地位具有平等性

行政法律关系的双方当事人法律地位是平等的。

首先，法律面前人人平等是我国宪法和法律的基本精神和理念，在任何法律中都不得出现当事人地位不平等的规定。

其次，在行政管理关系中，行政主体一方享有管理职权，这是行政主体的专属权，行政相对人没有这项权力，表面上看起来这是不对等的；相应地，行政相对人一方享有行政复议权和行政诉讼权，这是行政主体所没有的权利。行政复议权和行政诉讼权正是对于行政管理权的一种抵御，是行政相对人的专属权。法律规定了行政主体的一项权力，必然会规定行政相对人的一项抵抗权，以抵消行政权可能的侵害和平衡双方当事人的法律权利。

最后，在内部行政法律关系中，如公务员和所在单位的关系中，单位有权对违法违纪公务员进行政务处分，同时赋予公务员申诉权、检举权和举报权，以抵抗所属单位、上级机关或领导的专横与打压。

因此，行政法律关系双方当事人之间的法律地位是平等的。

二、行政法律关系的要素

同其他部门法的法律关系一样，行政法律关系也是由主体、客体和内容三个方面的要素所构成。

（一）行政法律关系中的主体

行政主体是指享有国家行政权力，能以自己的名义实施行政行为，并能独立承担由此产生的法律效果的社会组织，包括国家行政机关和法律、法规授权的组织以及其他社会公权力组织。行政相对人则是指在行政法律关系中处于被管理地位的一方当事人，包括公民、法人、其他组织和外国人、无国籍人。

（二）行政法律关系中的客体

行政法律关系的客体是指行政法律关系主体的权利义务所指向的标的或对象，包括物质利益或精神利益。具体来说，行政法律关系的客体包括以下几个方面。

1. 物

物在行政法律关系中扮演着至关重要的角色，它指的是那些现实存在、具有价值，并且能够被人们控制或支配的物质资源。这些物质资源可以根据不同的分类标准，被划分为多个不同的类别。例如，根据物的移动性，可以分为动产与不动产；根据物的流通性，可以分为流通物、限制流通物以及禁止流通物；根据物的特定性，可以分为特定物与种类物；根据物的主从关系，可以分为主物与从物；根据物的可分性，可以分为可分物与不可分物；根据物的来源，可以分为原物与孳息物等。在行政法律关系中，物是一种重要的客体，如在行政处罚中涉及的罚款、罚没物，在行政征收征用中涉及的被征收征用物、税收款，以及在行政确认中涉及的房产、滩涂等。

2. 人身

人身能成为法律关系的客体。许多行政法律关系是以相对人身为客体的，如行政处罚、行政强制、行政奖励等。人身权是公民、法人的一项基本权利，必须由法律来调整和保护。人身所包含的两个方面：身体或肉体以及由此产生的人的人格与身份。这两个方面都能成为行政法律关系的客体。

（1）人的身体或肉体能成为行政法律关系的客体。人体器官是人的身体的一部分，虽然可以物来区分它能成为行政法律关系客体，但人体器官也是人身。行政处罚中的拘留，它直接指向就是人的身体，让人身禁锢在一地不能自由。所以说，人的身体或肉体能够成为行政法律关系的客体。

（2）身份能够成为行政法律关系的客体。如在一起交通事故中，甲死亡，而又无身份证明，则由行政主体发布公告让人认领，甲的亲属来认领；由行政主体确认死者的身份，则以死者的身份为行政法律关系的客体。所以，身

份也能成为行政法律关系的客体。

综上所述，人身是能够也应该作为行政法律关系客体存在的。只有将人身作为法律关系的客体在法律规范中加以明确规定，才能通过行政、刑事和民事等手段对任何非法侵犯公民人身权的行为进行法律制裁。

3. 行为

在行政法律关系中，作为行政法律关系客体的行为分类如下：

（1）作为与不作为。作为的法律行为表现为在行为方式和内容上积极地做出一定的动作。不作为的法律行为表现为在行为方式上不做出一定的动作的行为。

（2）合法行为与违法行为。合法行为是行为主体依照法律规范要求的范围和内容，按法定的方式和程序实施的受法律保护的行为。违法行为则是指行为主体违反法律规范的要求所实施的危害社会的行为。

（3）行政主体的行为和行政相对人的行为。行政主体的行为是指具有行政主体资格的组织行使行政职权而作出的行政行为。行政相对人的行为是指在行政法律关系中相对人作出的具有行政法意义的行为。只有具有法律意义的行为或受行政法规范的行为，才能成为行政法律关系的客体。

4. 智力成果

智力成果在行政法律关系中，指的是行政法律关系主体通过从事智力活动所取得的成果。这些成果通常包括学术著作、专利、发明等。智力成果作为一种无形资产，在行政法律关系中同样占据重要的地位，它们不仅是知识创新和科技进步的体现，也是行政法律关系客体中不可或缺的一部分。

（三）行政法律关系中的内容

行政法律关系中的内容是指行政法律关系主体所享有的权利和承担的义务，即行政主体的权利义务和行政相对方的权利义务，以及行政法制监督主体的权利义务和被监督的行政主体及其工作人员的权利义务。

行政主体的权利和义务，通常又被称为“职权”和“职责”，主要包括正确适用法律、依法行使职权、遵守法定程序等。

行政相对人的权利与义务，与其他部门法则大不相同。总体来看，行政相对人的权利与行政权相对应，而其义务默认为“遵守法律”。具体而言，行政相对人享有的权利包括：①行政救济权——对抗权力侵害（如申诉权、投诉权、诉讼权、复议权、赔偿权等）；②行政保护权——对抗权利侵害（如举报权、保护权、协助权等）；③行政受益权——主张权力授益（如给付权、帮助权、救助权、质询权等）；④行政参与权——主张权力参与（如知情权、监督权、申辩权、听证权、回避权等）。

第二节　行政主体

行政主体是指享有行政权力、能以自己的名义行使行政职权并能独立承担由此产生的相应法律责任的社会组织。行政主体与一些相关概念既有联系，又有区别，因此，在明确了行政主体的内涵之后，还必须了解行政主体和这些概念的区别，以进一步明确行政主体的外延。

一、行政主体的条件

要取得行政主体资格必须具备如下条件：

第一，行政主体是社会组织。行政主体必须是一个社会组织。社会组织是与自然人相对的概念，指的是那些在一定条件下能够成为行政主体的组织实体。自然人由于其在行政权分配上的局限性，无法成为行政主体。国家在行政权的分配上是以组织为媒介的，因为只有组织才具备管理行政事务、实现国家行政职能的能力。这些组织能够被法律赋予行政权力，代表国家实施行政行为，从而成为行政主体。

第二，享有行政权力。行政主体必须享有行政权，这是行政主体资格的核心要素。如果一个社会组织，如公司、企业、社会团体等，虽然拥有对本组织的管理权，但只要没有被法律、法规授予行政权力，它就不具备行政主体资格。

第三，能以自己的名义行使行政权。这意味着行为主体能够独立自主地表达自己的意志，并按照自己的意志实施特定的行政行为。这种独立性体现了行政主体具有独立的法律人格。

第四，能够独立承担法律责任。这是指行政主体对其所实施的行政行为承担法律责任的能力。这种独立承担法律责任的能力，是一个组织成为行政主体的必备条件。只有当组织具备这些条件时，它才能被认定为行政主体，才能在国家行政管理体系中发挥其应有的作用。

二、行政主体的职权与职责

（一）行政职权

行政职权作为国家行政权的具体体现，是行政主体在执行国家行政管理活动时所拥有的权能。这一职权范围广泛，涵盖多个方面，包括制定行政规范权、行政调查权、行政决策权、行政决定权、行政命令权、行政检查权、行政强制权、行政处罚权、行政许可权、行政确认权、行政奖励权、行政物质帮助权、行政复议权、行政指导权以及行政裁决权等。这些职权不仅体现了行政主体在行政管理中的主导地位，也确保了行政活动的有序进行，保障了国家行政权力的有效实施。

（二）行政职责

行政职责是行政主体在行使职权过程中必须承担的法定义务。这一职责要求行政主体在行使权力的同时，必须遵循一定的原则和程序，确保行政行为的合法性、合理性和程序正义。具体而言，行政职责包括积极行使行政权力，即行政主体应当主动、有效地履行其职责，不得懈怠或放弃；合法行使行政权力，要求行政行为必须符合法律规定，不得超越法定权限；合理行使行政权力，强调行政决策和行政行为应当合乎情理，不得任意妄为；依照法定程序行使行政权力，意味着行政主体在行使职权时必须遵循法定的程序和步骤，确保行政行为的程序正义。这些职责的设定，旨在规范行政主体的行为，保障公民的合法权益，维护社会的和谐稳定。

三、行政主体的范围

按照我国现行法律规定，行政主体包括行政机关和法律、法规授权的组织两类。

（一）行政机关

1. 行政机关的概念辨析

根据宪法与行政组织法所设置的能够行使国家行政职权的国家行机关就是行政机关。这一概念包含以下含义：

（1）行政机关是国家机关，是由国家设置，代表国家行使国家行政职权的机关，它不同于政党、社会组织、社会团体。政党，特别是执政党，虽然能对国家政治、经济和社会的发展起重要作用，甚至是决定性的影响和作用，但它们不是国家机关。有的社会组织、团体虽然经法律、法规授权能具有某些行政职能，但行使行政职能只是其一部分职能，它们一般还有其他的职能，与行政机关有所不同。

（2）行政机关是行使行政职权的国家机关。这区别于同为国家机关的立法机关、司法机关。虽然它们都代表国家，但它们的职能不同，立法机关行使国家的立法权，司法机关行使国家的司法权，而行政机关行使的是国家的行政权，是为实现国家的行政职能，即履行执行法律、管理国家内政、外交事务的职能。

（3）行政机关是依据宪法和行政组织法的规定而设置的国家机关，它不同于依据宪法和行政组织法之外的单行法律、法规授权而设立的组织。它们的具体区别如下：

第一，依据不同，行政机关是依据宪法和行政组织法而设立的，其他组织则是依据宪法和行政组织法之外的单行法律、法规而具有行政主体的资格。

第二，组织性质不同，行政机关是国家设立的专门履行行政职能的国家机关，而法律、法规授权的其他组织则是国家机关以外的社会组织或社会团体。

第三，职权内容与范围不同，行政机关是以完成一定国家行政职能为目的而设立的，故宪法和行政组织法对其行政职权与职责的规定，具有一定的原则性、概括性。行政机关在有法律明确规定的情况下，应严格按法律规定行使职权，履行职责；而在法律没有明确规定的情况下，行政机关在同法律、法规原则与精神不相抵触的前提下，可以行使一定的自由裁量权。而法律、法规授权的其他组织则以单项法律、法规明确其授权，其职权的内容、范围和方式是专项的、单一的、具体的，必须按照授权范围所确定的职权去行使。

2. 行政机关的特征、职责与职权

（1）行政机关的特征：

第一，行政机关是行使国家行政职权，管理国家行政事务的机关。行使国家行政职权，管理国家行政事务是行政机关区别于其他国家机关的实质特点。我国宪法规定，权力机关行使国家立法权，人民法院行使国家审判权，人民检察院行使国家检察权，行政机关则行使行政权。行政机关和司法机关虽然都是权力机关的执行机关，但二者在执法的方式、内容等方面有所不同，行政机关的执法是通过对国家内政外交事务的管理来实现的，司法机关的执法是通过裁决法律争议和进行法律监督来实现的，司法机关是法律得以实现的最后一道屏障。

第二，行政机关从其成立之日起就具有行政主体资格。行政机关是根据我国宪法和行政组织法的规定而设立的，作为专门行使行政职权、管理国家行政事务的组织，在其成立时就具备了行政主体的资格，取得了独立的法律地位。

第三，行政机关具有一定的行政组织机构及公务员编制。行政机关在成立时，为行使国家行政职权，管理国家行政事务设置了一定的行政机构及职位，并具有相应编制和公务员配备，具备相应的办公设备和行政经费预算。这不同于法律法规授权的组织。

（2）行政机关的职责。宪法和行政组织法规定了不同层级、种类、管理领域的各种行政机关的不同具体职责，可以概括为以下内容：

第一，政治统治的职责。行政管理都是为这个国家的统治者和政府服务的，因此行政机关的第一个职责就是政治统治。而政治统治职责大概又可以表现在以下两个方面：①专政的职责。这就是我们常说的统治者利用一些暴力机关，如军队、警察来对专政对象实行专政。②民主统治的职责。每一个国家政府的行政管理都必须保证整个社会的民主，让大多数的人享受民主。只有通过政府的行政管理才能保护大多数人的利益，保护大多数人的民主。

第二，经济管理职责。进入现代社会以后，由于各种社会关系、社会矛盾的复杂化，市场需要一定的政府干预来调节和弥补其缺陷。因此，行政机关需要发展本国或本地区的经济，于是行政机关便享有了经济管理职能。

第三，社会职责。换言之，也就是社会服务和社会管理，如环境保护、社会保障、公共卫生、社区服务等。

第四，文化职责。当今社会，文化教育逐渐被重视，一个国家的综合国力中的很重要的一方面就是这个国家的人口素质，而人口素质的提高离不开文化教育，因此每个国家的行政机关均将文化教育这个职责放在极其重要的位置。

（3）行政机关的职权。行政机关为了履行相应的职责，必须具有相应的职权来保障行政行为的实施。

第一，行政立法权。行政立法权是指行政机关制定行政法规和规章的权力。在现代社会中，法律赋予了行政机关以准立法权，即允许行政机关根据法律授权和法律规定的范围，制定相应的行政法规和规章，用以调整各种行政关系，规范行政相对人的行为。

第二，行政命令权。行政命令权是指在国家行政管理过程中，行政主体通过一定的手段，这里的手段主要是指书面或口头行政决定，让特定的人或不特定的人做出或不做出一定的行为，且让对方必须服从的权力。行政命令的形式有通告、布告、规定、决定、通知、命令等。

第三，行政处理权。行政处理权是指行政机关实施行政管理，涉及特定行政相对人权利、义务事项作出处理的权利。

第四，行政监督权。行政监督权是行政机关为保证行政管理目标的实现而对行政相对人遵守法律、法规，履行义务情况进行检查监督的权力，主要包括统计、审计、检查、审查、检验等。

第五，行政裁决权。行政裁决权是指行政机关根据法律对一些民事纠纷进行必要的审查，并作出相应的裁决权力，这里涉及的民事纠纷主要是指当事人之间发生的、与行政管理活动有密切关系的民事纠纷。在当今社会，法律赋予了行政机关一定的准司法权，允许行政机关在行政管理过程中对某些民事、行政争议作出裁决和处理。常见的有行政复议、商标或专利的审查、交通事故责任的认定等。

第六，行政强制权。行政强制权是指在行政管理过程中，当法定义务人应该履行某项义务但是其并没有履行时，行政主体可以采取一定的强制措施，以保证法定义务人能够自觉履行义务的权力。但由于行政强制行为直接涉及行政相对人的财产和人身权益，因此必要时才能行使，且行政强制权的行使也有严格的限制和规范，以确保相对人的权益不受行政专制的侵犯。

第七，行政处罚权。行政处罚权是指行政机关在实施行政管理过程中，为维护社会秩序和其他公民、法人、组织的合法权益，依法对于违反行政管理秩序的行政相对人以制裁的权力。行政处罚在生活中较为常见，如查封、扣押、罚款以及某些人身性的强制措施等。

3. 中央行政机关

中央行政机关是指行使职权的范围及于全国的行政机关，具体而言，是国务院和国务院所属工作部门的总称，是我国行政机关体系的核心。

（1）国务院。在国家机关的体系中，国务院是最高权力机关的执行机关；在行政机关的体系中，国务院是最高行政机关。

第一，国务院相关人员的产生方式。在举行全国人大会议时期，全国人大会根据中华人民共和国主席的提名来确定国务院总理；确定国务院总理之后会提名国务院副总理、国务委员等其他职位的人选；在全国人大闭会期间，需要依据国务院总理的提名，决定部长、秘书长等人选。

第二，国务院的领导体制。国务院实行总理负责制，总理负责制主要包括：①统筹领导国务院工作的是总理，其他相关人员协助总理的工作，并向总理负责；②对于国务院中的一些比较重大的问题，总理有着绝对的权力，可以作出最后的决策；③总理可以向全国人大提名副总理及其他部长等人选；④凡是由国务院发布的命令与行政法规等，都应该向全国人大及其常委会提出相关议案，同时，任免相关人员也应该由总理签署任免决议；⑤总理代表国务院向全国人大及其常委会负责并接受其监督。

第三，国务院的职权。国务院的职权可以归纳为：①行政立法权，即国务院有权根据宪法和法律，规定行政措施；制定行政法规，发布决定和命令；②行政提案权，即国务院有权向全国人民代表大会或者全国人民代表大会常务委员会提出议案；③行政领导权，作为最高行政机关，国务院有权领导全国行政机关的工作；④行政监督权，国务院有权改变或者撤销各部、各委员会发布的不适当的命令、指示和规章，改变或者撤销地方各级国家行政机关的不适当的决定和命令；⑤人事权，国务院有权审定行政机构的编制，依照法律规定任免、培训、考核和奖惩行政人员；⑥全国人民代表大会和全国人民代表大会常务委员会授予的其他职权。

（2）国务院相关行政机构。

第一，国务院办公厅。帮助国务院领导开展日常工作的机构就是国务院办公厅，根据《中华人民共和国国务院组织法》的规定，为了更好地开展工作，国务院可以设立办公厅，办公厅是由秘书长来领导的。

第二，国务院各部委。国务院各部委是在国务院领导下主管国家特定行政事务的行政机构，依法分别履行国务院的基本行政管理职能。国务院各部委包括国务院各部、各委员会、中国人民银行及审计署。

国务院各部委的领导体制。各部、各委员会实行部长、主任负责制。各部部长、各委员会主任领导本部门的工作，召集和主持部务会议或者委员会会议、委务会议，讨论决定本部门工作的重大问题。签署上报国务院的重要请示、报告和下达的命令、指示。副部长、副主任协助部长、主任工作。

国务院各部委的职权：①各部、各委员有权在其职权范围内履行行政管理职能。②各部、各委员会要根据相关的法律以及国务院的行政法规，在本部门内发布命令，制定规章，即国务院各部委有权制定和发布部委规章。③各部、各委员会可以对因自身具体行政行为和下一级职能机关具体行政行为引起的争议进行复议、审议并作出复议决定，还可依法律规定裁决与行政管理密切联系的一些民事争议。④特设机构。国务院国有资产监督管理委员会是根据第十届全国人民代表大会第一次会议批准的国务院机构改革方案和《国务院关于机构设置的通知》设置的。国务院授权国有资产监督管理委员会代表国家履行出资人职责。国有资产监督管理委员会的监管范围是中央所属企业（不含金融类企业）的国有资产。

第三，国务院直属机构。它是国务院依据宪法和组织法的规定，根据工作需要设立的、由国务院直接领导的机构，负责管理全国某方面的行政事务。目前我国共有国家市场监督管理总局、中华人民共和国海关总署等 14 个直属机构。国务院直属机构是依法设立的行政组织，其法律地位低于国务院各部委，但不隶属于各部委而直属国务院，直属机构的设立、撤销或合并由国务院常务委员会决定，行政首长经国务院常务委员会决定由国务院总理任免，但不是国务院的组成人员。国务院直属机构有权在其职权范围内履行行政管理职能；有权制定行政措施，发布全国性的规范性文件；有权对本部门管辖事务范围内发生的民事争议进行裁决。

第四，国务院办事机构。国务院办事机构是协助国务院总理办理专门事项的工作机构，由国务院根据工作需要设立，直接向国务院总理负责。目前我国共有国务院侨务办公室、国务院港澳事务办公室等办事机构。国务院办事机构的设立、撤销或合并由国务院决定，行政首长由国务院总理任免，但不是国务院的组成人员。办事机构主要是协助总理办理某项专门的事项，没有独立的行政管理权。

第五，国务院各部委管理的国家局。国家局是由国务院各部委管理的行政机构，其主要管理的是一些特定的业务，行使特定的行政管理职能。目前我国共有国家信访局、国家粮食和物资储备局等 17 个国家局。国家局的设立、撤销或者合并由国务院决定。各部委管理的国家局在成立时就具有独立的法律地位，依法行使某项行政事务的管理权和争议的裁决权，具有行政主体资格。

第六，国务院议事协调机构。国务院议事协调机构是承担跨国务院行政机构的重要业务工作组织协调任务的行政机构。目前我国设立了国家国防动员委员会（具体工作由国家发展和改革委员会、总参谋部、总后勤部承担）、全国爱国卫生动员委员会（具体工作由国家卫生健康委员会承担）等议事协调机构。设立国务院议事协调机构，并对其进行严格控制；如果当前的机构能够解决实际的问题，那么就没有必要再另设其他机构。设置协调机构，应该将这一机构承担的具体任务明确下来，也要明确办事的具体部门；有时为

了处理某一特定时期的问题而设立的议事协调机构，应该对其撤销情况进行明确的规定，不仅要规定其撤销的条件，而且要规定其撤销的具体时间。

那些需要议事协调机构议定的事项必须经过国务院的同意，只有经国务院同意，相关行政机构才能根据自己的职责去办理，换言之，议事协调机构是间接参与问题的解决的，执政者为相关行政机构。当然，还需要支持的是，在一些比较特殊的情况下，在国务院同意的情况下，该机构也能制定行政管理措施，不过这里的措施都是具有临时性特征的措施。

4. 地方行政机关

地方行政机关是指其活动范围仅限于国家一定行政区域范围内，其管辖事项仅限于地方性行政事务的行政机关。

（1）地方各级人民政府的行政职权。地方各级人民政府具有双重属性，它不仅是地方各级权力机关的执行机关，而且是地方国家行政机关，主要任务就是对本行政区域内的事务进行组织与管理。对于地方各级人民政府来说，它必须接受国务院的统一领导和管理，又要对地方的权力机关负责。

我国地方各级人民政府分为省（自治区、直辖市）、市（自治州、直辖市的区）、县（自治县、市辖区及不设区的市）、乡（民族乡、镇）四级。地方各级人民政府都实行首长负责制，政府首长召集和主持本级人民政府的全体会议和常务会议。根据宪法和行政组织法的规定，地方各级人民政府的行政职权为：①制定规章权和发布命令、决定等其他规范性文件权；②对本区域内行政事务的管理权；③领导和监督本级政府的职能部门和下级人民政府行政工作权。

（2）地方各级人民政府的职能部门。在宪法与行政组织法的规定下，县级以上地方各级人民政府也是可以设立职能部门的，其可以根据政府实际的工作需要，来设置与之相关的职能部门，并由这一部门来履行相关的行政义务，他们是需要接受本级人民政府的领导的，同时上级人民政府主管部门也会对其进行指导，但为了加强某些职能部门的功能，工商、税务、海关、中国人民银行等职能部门是独立在外的，他们并不接受本级人民政府的指导，只是由上级人民政府的主管部门对其指导。地方行政执法机关需要履行的职责，都需要有关单行法律法规作出明确的规定，不仅规定其内容，而且规定其范围与方式。

根据宪法和行政组织法规定，省、自治区、直辖市人民政府的职能部门的设立增加、减少或合并，由本级人民政府报请国务院批准，其他地方各级人民政府职能部门的设立、增加、减少或合并，由本级人民政府决定，报上级人民政府批准。

（3）地方各级人民政府的派出机关。县级以上的各级人民政府在相关权力机关批准的前提下，可以在特定区域内设置行政机关，这里的行政机关就是所谓的地方各级人民政府的派出机关。地方各级人民政府的派出机关虽然不是一级人民政府，但依据有关行政组织法的规定，履行着一级政府的职能，在一定范围内，能以自己的名义行使职权，进行行政管理活动，并能独立承担法律责任，因而具有行政主体的资格。我国现有的派出机关有：省、自治区人民政府的派出机关，即行政公署；县、自治县人民政府的派出机关，即区公所；市辖区、不设区的市人民政府的派出机关，即街道办事处。

派出机关不同于派出机构。派出机构是指各级人民政府的职能部门根据工作需要，在一定区域内设立的工作机构。而派出机关则是由人民政府根据工作需要派出的行政机关。二者的区别在于：①派出的主体不同，派出机构的派出主体是政府的职能部门，派出机关的派出主体是地方各级人民政府；②法律地位不同，派出机关在设立时是行政机关，具备行政主体资格，而派出机构设立时不具备行政主体资格，只有法律、法规特别授权时，派出机构才获得行政主体资格，如没有法律、法规的特别授权，则不具备行政主体资格。

（二）法律、法规授权的组织

在探讨行政主体的范围时，法律、法规授权的组织构成了不可或缺的一部分。这类组织依据法律、法规及规章的明确授权，行使着特定的行政职能，尽管它们并非传统的国家机关，但其在行政法体系中的地位和作用不容忽视。

第一，需要明确的是，法律、法规授权的组织指的是非国家机关的组织。这些组织并不直接源于宪法或组织法的授权，它们的权力基础在于单行法律、法规或规章的特别授权。这意味着，这些组织并非国家权力的直接代表，而是通过法律途径获得了特定的行政权力。这种授权方式的特殊性，使得法律、法规授权的组织在行政主体中呈现出一种独特的地位。

第二，法律、法规授权的组织所行使的职权是特定行政职权，而非一般行政职权。行政机关依据宪法和组织法的规定，享有对国家和社会公共事务的全面管理权，这是其一般行政职权的体现。而法律、法规授权的组织则不同，它们所行使的职权是基于特定法律、法规或规章的授权，针对某一特定领域或某一特定事项进行管理。这种特定性使法律、法规授权的组织在行使职权时，必须严格遵循其授权范围，不得超越其法定职权。

第三，法律、法规授权的组织所行使的职能是由具体法律、法规、规章所授，而非行政组织法所授。这意味着，这些组织的职权范围、行使方式等，都是由具体的法律、法规、规章所规定的，而非由一般的行政组织法所规定。这种具体的授权方式，使得法律、法规授权的组织在行使职权时，必须严格遵循其授权的法律、法规、规章的规定，确保其行为的合法性和正当性。

法律、法规授权的组织包括但不限于事业组织、社会团体、企业、群众自治性组织和行政机构等。事业组织，如一些公立学校、医院等，它们在某些特定领域享有法律、法规的授权，行使着相应的行政职能。社会团体，如行业协会、商会等，它们也可能在特定领域获得法律、法规的授权，参与社会管理和服务。企业，在某些特殊情况下，如公用事业企业，也可能获得法律、法规的授权，行使特定的行政职能。群众自治性组织，如村民委员会、居民委员会等，在基层社会治理中发挥着重要作用，它们也可能获得法律、法规的授权，参与某些行政管理工作。行政机构，则是指那些在法律、法规授权下设立的，专门行使特定行政职权的机构。

第三节　行政相对人

一、行政相对人的特征

行政相对人是行政法学中一个重要和常用的概念，其基本含义是指行政主体的行为所指向的、与行政主体相对应的一方，即行政法律关系中与行政主体相对应的另一方当事人。行政相对人属于法学概念，而非法律概念。我国现行法律中一般称之为公民、法人或其他组织。

行政相对人具有如下特征：

第一，行政相对人在行政法律关系中处于被管理地位。尽管行政相对人与行政主体一样，都是行政法律关系的主体，但二者在地位和职能上存在显著差异。行政主体作为管理者，拥有行政管理的职权，而行政相对人则处于被管理的地位，不享有直接的管理权力。然而，这并不意味着行政相对人在行政法律关系中仅承担义务而不享有权利。相反，他们拥有诸多行政法权利，如申请权、申诉权、批评建议权、提起行政复议权、诉讼权以及要求行政赔偿权等。这些权利保障了行政相对人在行政过程中的合法权益，也体现了行政法律关系的双向性和互动性。

第二，行政相对人的身份具有相对性。这一特点表明，行政相对人的身份并不是固定不变的，而是随着具体行政法律关系的变化而变化。在某一特定的行政法律关系中，某个主体可能作为行政相对人出现，但在另一个行政法律关系中，他则可能转变为行政主体。这种身份的相对性体现了行政法律关系的复杂性和多样性。例如，税务机关在接受卫生机关的卫生检查时，其身份转变为行政相对人；而在征税时，税务机关则作为行政主体行使管理职权。

第三，行政相对人的范围广泛。任何机关、组织、个人，只要属于行政管理的对象，受到行政权的影响和约束，都可成为行政相对人。这一特点体现了行政管理的普遍性和全面性。无论是政府部门、企事业单位还是普通公民，只要他们的行为涉及行政管理领域，就可能成为行政相对人。这种广泛的范围也要求行政机关在行使职权时，必须充分考虑各种利益关系和社会因素，确保行政管理的公正性和合理性。

二、行政相对人的范围

依照法律法规的规定，公民、法人和其他组织能够成为行政相对人。在特殊情况下，在我国的外国人、无国籍人、外国组织也可成为行政相对人。

第一，公民。公民作为行政相对人的主体，其普遍性不言而喻。无论是城市的繁华街道，还是乡村的宁静田野，公民都是行政主体实施行政管理的直接对象。他们参与社会活动，享有各种权利，同时需要遵守法律法规，履行相应的义务。在行政法律关系中，公民不仅是最主要的行政相对人，还是行政法律关系中最直接、最活跃的参与者。他们通过行使申请权、申诉权、批评建议权等，积极参与行政管理过程，维护自身权益，推动社会进步。

第二，法人。法人是行政相对人的另一重要组成部分。作为具有民事权利能力与民事行为能力的组织，法人在经济、社会、文化等各个领域都扮演着重要的角色。在行政法律关系中，法人同样需要接受行政主体的管理和约束，并享有相应的权利。例如，企业需要遵守工商、税务、环保等方面的法规，同时有权申请行政许可、享受税收优惠等。法人的参与使得行政法律关系更加复杂和多元化，也促进了社会经济的繁荣和发展。

第三，其他组织。其他组织是由主管机关批准成立或认可，能够从事一定的经营、生产或其他活动但不具备法人资格的社会组织或经济组织。随着经济的发展，许多国家都出现了一些介于公民个人和法人之间的组织形态，

它们被称为“非法人组织”“非法人单位”“其他经济组织”等，我国行政法律制度将其称为“其他组织”。其他组织在行政管理活动中，既是行政法上的权利义务主体，也是行政法律关系中的行政相对人。其他组织的类型主要有：①经国家主管部门批准或认可的从事一定生产或经营活动的经济实体。主要有个人合伙组织、合伙型联营组织、企业法人的分支机构等。②经主管机关批准或认可的正处于筹备阶段的企业、事业单位和社会团体。

第四，外国人、无国籍人和外国组织。在全球化日益加剧的今天，外国人、无国籍人和外国组织在我国境内的活动日益频繁。他们可能因工作、学习、旅游等原因来到我国，也可能在我国设立企业、开展业务等。在这些情况下，他们可能需要接受我国行政机关的管理和约束，同时享有相应的权利。例如，外国人在我国境内需要遵守我国的法律法规，同时有权申请居留许可、享受医疗保障等。外国组织在我国境内开展业务时，也需要遵守我国的行政法规定，并承担相应的法律责任。这些外国人、无国籍人和外国组织的参与，不仅促进了我国与其他国家和地区的交流与合作，也为我国的经济社会发展带来了新的机遇和挑战。

但是，将外国人、无国籍人和外国组织作为我国的行政相对人对待，使其具有行政相对人的权利和义务，即实行同等原则的同时，也依法实行对等原则。也就是说，如果我国公民在某国受到某方面权利限制，则该国公民在我国也要受到相应的权利限制。

三、行政相对人的法律地位

行政相对人作为行政法律关系中的一方当事人，享有一定的权利，同时承担一定的义务。

（一）行政相对人的权利

1. 行政参与权

行政相对人享有通过合法途径参加国家行政管理活动以及参与行政程序的权利。这一权利体现了民主原则，使行政相对人能够积极参与到国家管理活动中来。具体而言，公民可以通过参加公务员考试进入公务员队伍，直接参与行政管理活动；公民还可以依法享有听证的权利，在涉及自身权益的行政决策过程中表达意见和诉求。行政参与权的行使，有助于提升行政决策的民主性和科学性，增强公民对行政活动的信任和支持。

2. 行政知情权

行政相对人有权通过行政公示、告知、询问等渠道了解行政机关管理活动的依据和程序等。这一权利是行政相对人行使其他权利的基础，只有充分了解行政活动的相关信息，才能有效地参与和监督行政活动。行政机关应当积极履行信息公示义务，将涉及公共利益和公民权益的行政决策、执行、监督等信息及时、准确地向社会公开。同时，行政相对人也有权向行政机关提出询问，了解特定行政活动的相关情况。

3. 行政监督权

行政相对人有权通过一定组织形式对行政机关和行政首长的工作进行评议，享有对行政工作的批评建议权，对不法工作人员的控告揭发权，以及不服具体行政行为时有权申请复议或提起行政诉讼。这一权利是保障行政活动合法性和公正性的重要手段。行政相对人可以通过多种渠道对行政机关的工作进行监督和评议，如通过媒体曝光、举报投诉等方式揭露行政违法行为；同时，对于行政机关的具体行政行为不服时，可以依法申请行政复议或提起行政诉讼，维护自己的合法权益。行政监督权的行使，有助于督促行政机关依法履行职责，维护公民的合法权益和社会公共利益。

4. 隐私保密权

行政主体在行政活动中，非经法定程序，不得公开相对人的隐私。这一权利是保护行政相对人个人隐私和人格尊严的重要保障。在行政活动中，行政机关可能会收集、使用、保存相对人的个人信息和隐私数据。这些信息可能涉及相对人的家庭、财产、健康等敏感信息。为了保护相对人的隐私权，行政机关在收集、使用、保存这些信息时必须遵守法定程序，未经相对人同意或法定程序不得擅自公开或泄漏。同时，相对人也有权要求行政机关对自己的隐私信息进行保密处理，防止信息被泄漏和滥用。行政机关应当积极履行保密义务，确保相对人的隐私信息得到妥善保护。

5. 获得保护权

行政相对人的人身和财产安全享有获得国家行政机关合法、正当、平等保护的权利。这是宪法和法律赋予公民的基本权利之一。当行政相对人的人身或财产受到威胁、损害或侵害时，他们有权请求行政机关依法进行保护。例如，当公民的财物失窃时，他们可以向公安机关报案，公安机关则有义务依法侦查、破案，并采取措施追回失窃财物，保护公民的合法权益。此外，

行政机关还应当在日常生活中加强对公共安全的维护和管理，确保行政相对人的人身和财产安全。

6. 行政获益权

行政相对人享有依据法律从行政主体中获得利益的权利。这是行政法律关系中行政机关与行政相对人之间互利共赢的体现。行政相对人可以通过合法途径参与行政活动，从行政机关获得各种利益。例如，公民因科技发明创造而享有获得奖励的权利，他们可以依据《中华人民共和国发明奖励条例》等法律规定，向行政机关申请获得相应的奖励。此外，行政机关还可以通过提供政策扶持、资金补贴、税收优惠等方式，鼓励和支持行政相对人参与经济、社会、文化等领域的建设和发展，实现互利共赢。

7. 行政求偿权

行政相对人的合法权益受到行政主体合法公务行为的影响时，有权获得行政补偿；受到行政主体的不法侵害时，有权获得行政赔偿。这是行政相对人维护自身合法权益的重要途径。当行政相对人的合法权益受到行政机关合法公务行为的影响而遭受损失时，他们有权请求行政机关依法给予相应的补偿。例如，因行政机关依法征收、征用土地、房屋等造成公民、法人或其他组织财产损失的，行政机关应当给予公平合理的补偿。同时，当行政相对人的合法权益受到行政机关不法侵害时，他们有权依法请求行政机关给予行政赔偿。这种赔偿应当包括直接损失和间接损失，确保行政相对人的合法权益得到充分保障。

8. 程序抵抗权

行政相对人享有程序抵抗权。当行政机关作出严重违法的无效行政行为时，行政相对人可以拒绝服从，行使抵抗权。这是行政相对人维护自身合法权益、监督行政机关依法行政的重要手段。程序抵抗权的行使应当符合法定条件和程序，行政相对人应当在充分了解行政行为违法性的基础上，依法行使抵抗权。同时，行政机关应当尊重行政相对人的程序抵抗权，认真听取行政相对人的意见和诉求，依法处理行政争议和纠纷。在行使程序抵抗权时，行政相对人应当注意保持冷静和理性，避免采取过激行为或暴力手段，以合法、和平的方式维护自身权益。

（二）行政相对人的义务

在行政法律关系中，行政相对人作为与行政主体相对的一方，同样肩负着一定的法律义务。这些义务旨在确保行政活动的顺利进行，维护公共秩序和社会公共利益。以下是行政相对人应当履行的几项主要义务：

1. 协助公务执行的义务

行政相对人有着明确的义务来协助行政主体及其公务人员执行公务。这种协助体现在多个方面，包括但不限于配合行政主体的调查工作，如提供必要的文件资料、证词或线索；为执行公务提供必要的便利条件和设施，如为行政检查提供场所、设备或交通工具等。这种协助义务旨在确保行政主体能够顺利、高效地履行其职责，维护社会秩序和公共利益。

2. 提供真实信息的义务

在依申请的行政行为中，申请人有义务提供真实、准确、完整的信息。由于行政主体在处理行政许可、行政登记等事务时，通常只进行形式审查，而无法对申请人提交的所有材料的真实性进行逐一核实。因此，申请人必须对其提交的信息负责，确保其真实可信。如果申请人提供虚假信息，不仅可能导致行政许可或登记被撤销，还可能面临行政处罚甚至刑事责任。同时，申请人也不得因提供虚假信息而主张行政赔偿。

3. 遵守行政程序的义务

行政相对人在与行政主体打交道时，必须严格遵守法定的行政程序。这包括法律法规规定的程序、手续、期限等各个方面。无论是申请行政许可、进行行政登记还是参与行政处罚等行政行为，行政相对人都必须按照规定的程序进行操作。如果不遵守法定的行政程序，如未按时缴纳税款、未在法定期限内申请商标权的续展、未提供法定的申请材料等，行政相对人将承担相应的法律责任。这不仅可能导致其申请被拒绝或权益受损，还可能面临行政处罚或其他不利后果。

4. 接受监督和调查的义务

在行政法律关系中，行政主体有权对行政相对人的行为进行监督和调查。这是为了确保行政相对人遵守法律法规、履行法定义务并维护公共利益。当行政主体进行询问、讯问、勘验、鉴定以及抽样调查等合法调查行为时，行政相对人应当予以配合。这包括如实回答调查人员的问题、提供必要的证据材料、协助调查人员进行现场勘验等。如果行政相对人拒绝配合调查或提供虚假信息，将承担相应的法律责任。

第四节　行政第三人

行政第三人是指行政主体做出的行政行为明确指示的行政相对人以外的、其合法权益受该行政行为影响的第三方行政法律关系主体。

一、行政第三人的特征

（一）行政第三人具有独立的主体地位

传统行政法学理论认为行政法律关系的基本模式是行政主体和行政相对人的二维模式。然而行政法关系是复杂多样的，法律关系的主体也是多元的。有些行政行为指向的是行政相对人，但是可能对其他公民、法人和社会组织产生影响。那么这里的“其他公民、法人和社会组织”就是行政第三人。行政第三人是行政法律关系中除行政主体和行政相对人外的第三方当事人，享有一定的权利以及承担一定的义务，具有独立的主体地位。

（二）行政第三人的合法权益受到行政行为的影响

首先，强调的是合法权益受到影响。合法权益是指符合法律规定的权利和利益。要注意两点：一是合法权益并不是都有法律的规定，尤其是在我国法治建设不完善的阶段，很多权益法律上没有规定，或者虽然有规定但是缺乏救济措施；二是合法权益不是都在行政法中体现，如相邻权就属于民法规定。

其次，行政第三人的合法权益受到行政行为的影响可能是有利的，但是多数情况是不利的。因为只有行政第三人受到行政行为不利影响时才可能涉及法律救济问题。

（三）行政第三人在行政法律关系中并不是必然出现的

在探讨行政法律关系时，需要明确的是，行政主体和行政相对人是构成这一关系的核心主体。然而，值得注意的是，行政第三人并非这一法律关系中必然存在的角色。换句话说，尽管行政主体和行政相对人的存在是行政法律关系成立的必要条件，但行政第三人的出现并非构成行政法律关系的必要前提。这一特点体现了行政法律关系的复杂性和多样性，也彰显了法律对于不同当事人角色的细致区分。

这种非必然性源自行政活动的特性和需求。在某些情况下，行政活动可能只涉及行政主体和行政相对人之间的直接交互，无须第三方的参与。而在其他情况下，由于行政行为的间接影响或涉及多方利益，行政第三人可能会作为利益相关方参与到行政法律关系中。但无论如何，行政第三人的参与都不是构成行政法律关系的必然条件，而是根据具体行政活动的需要而定的。

（四）行政第三人受到具体行政行为的影响

在行政法律关系中，行政行为的分类对于理解行政第三人的角色和地位具有重要意义。按照行政行为理论，行政行为可以分为抽象行政行为和具体行政行为。其中，抽象行政行为是行政机关制定规范性文件的行为，其指向的对象通常是不特定的多数人，具有反复适用性。由于抽象行政行为没有特定的指向对象，因此它并不直接涉及行政第三人的问题。而具体行政行为则不同，它是行政机关针对特定个体或事项做出的具有直接法律效力的行为。这类行为具有明确的指向性，不仅直接影响行政相对人的权益，还可能间接影响与行政相对人存在利害关系的第三方。这些受到具体行政行为影响的第三方，就是我们所称的行政第三人。他们可能因为行政行为的实施而获得利益，也可能因此受到损失。在研究行政第三人时，我们通常将其限定在具体行政行为的法律关系中，以便更准确地理解和分析他们与行政行为的关系。

二、行政第三人的类型

（一）相邻权人

相邻权是一个民法概念，是指不动产的所有人或使用人在处理相邻关系时所享有的权利。具体来说，在相互毗邻的不动产的所有人或者使用人之间，任何一方为了合理行使其所有权或使用权，享有要求其他相邻方提供便利或是接受一定限制的权利。具体包括土地的相邻权、水流的相邻权、建筑物的相邻权等。相邻权引起的相邻关系属于民事关系。但是，民事主体侵犯他人相邻权的行为，在很多时候与行政机关的行政行为特别是行政许可行为有密切的关系。如果行政机关对于相邻各方中的一方进行许可，拥有相邻权的另一方则成为行政第三人。

（二）公平竞争人

公平竞争是市场经济的基本法则，保护公平竞争权是维护社会主义市场

经济健康稳定运行的前提。对公平竞争权的侵害主要来自其他竞争者违反公平竞争原则的行为，但行政机关的行为破坏了公平竞争的环境或者规则，也可能构成对公平竞争权的侵犯。在我国，一种情况是行政机关运用行政权力干预招标、拍卖活动，或者不依法举行招标、拍卖或者不依据招标、拍卖结果择优作出行政许可决定，破坏了公平竞争的秩序。在这种情况下，被行政主体侵犯了公平竞争权的个人或组织是行政第三人。另一种情况是行政机关直接以行政命令的方式来侵犯他人的公平竞争权。

（三）受害人

受害人是指在行政法律关系中受到加害人违法行为侵害的个人或者组织。行政主体有保护公民、法人或者其他组织合法权益的法定职责。当受害人受到他人违法侵害后，行政主体应依法对加害人进行处理。此时，受处理的加害人是行政相对人，而受害人则是行政第三人。如治安处罚关系中的被处罚人是行政相对人，受到被处罚人行为侵害的受害人是行政第三人。但需要注意的是，受害人不仅仅局限于治安管理处罚领域的被他人侵犯的受害人。

（四）所有权人或使用权人

现实生活中财产的所有权与使用权相分离是一个常见的现象。财产的所有权人将财产出租、出借或承包给他人使用后，就发生了所有权与使用权相分离的现象。行政主体在进行行政处罚时可能对财产采取没收的处罚方式，在进行行政强制时可能对财产采取查封、扣押、冻结等强制措施或者实施拍卖、拆除等强制执行方式。在这种情况下，如果行政行为针对的是使用权人，则所有权人为行政第三人；如果行政行为针对的是所有权人，则使用权人为行政第三人。

（五）对象错误产生的行政第三人

对象错误产生的行政第三人一般在授益性行政行为中产生。授益行政行为是指行政主体为行政相对人设定权益或免除义务的行政行为，如行政奖励、行政给付等。比如，政府对于为社会作出特殊贡献的人进行行政奖励，把本应奖励给甲的荣誉和奖金发放给了乙，那么就属于对象错误。乙是行政受益人，是行政相对人；甲就是行政第三人。

三、行政第三人的权利保护

（一）行政第三人应当享有的权利

第一，行政参与权。参与权是指公民有依照法律的规定参与国家公共生活的管理和决策的权利。行政参与权是指公民、法人和其他组织参与行政活动的权利，具体包括知情权、申辩权、回避权、听证权等。行政第三人对于与自己有利害关系的行政活动应当具有参与权。

第二，法律救济权。当行政第三人的合法权益受到侵害，必须赋予其法律救济权，包括行政复议权、行政诉讼权、申请国家赔偿权和补偿权。

（二）行政第三人的制度保障

为了保障行政第三人的合法权利，不仅要完善法律法规，还要建立完备的制度。

第一，通知制度。行政第三人行使参与权的前提是知道行政行为的发生，而知道行政活动开始的主要途径是行政主体的通知。因此，行政主体有义务通知行政第三人参加到行政程序中来。

第二，听证制度。听证是行政主体在作出影响当事人合法权益的决定之前，由当事人表达意见、提供证据以及行政主体听取其意见、接受证据的程序所构成的法律制度。听证制度是行政行为各方当事人公开表达意见，以求得公开公正解决问题的重要方式。听证制度对行政相对人适用，对行政第三人同样适用。

第三，回避制度。在行政程序中，如果行政公务人员与所处理的行政事务有利害关系，应该主动回避或依行政相对人、行政第三人的申请而回避，以保证行政行为的公正性。

第四，说明理由制度。行政主体在做出对行政相对人或行政第三人权益产生不利影响的行政行为时，必须在决定书、裁决书中说明事实根据、法律依据以及进行自由裁量时所考虑的各种因素。

第三章　行政行为与行政程序

第一节　行政行为的概念与成立要件

一、行政行为的概念

（一）行政行为的界限

行政行为的范围就是我们所说的行政行为的界限，换言之，即行政行为与周边的关系。对行政行为进行研究，有助于从外延上理解行政行为，行政行为的界限涉及以下关系。

1. 行政行为与国家行为的关系

国家行为是指行政主体（主要是行政机关）根据宪法、法律的规定和权力机关的专门授权，以国家的名义，代表国家实施的行为。国家行为也称政治行为或政府行为，它通常包括以下类型：

（1）外交行为，即行政主体（主要是行政机关）代表国家处理国家与国家关系的行为，包括签订或废止条约、承认外国政府、建立外交关系，实施经济制裁、派驻使节和驱逐外交人员等。

（2）国防行为，即行政主体（主要是行政机关）代表国家处理国家安全事务的行为，包括军队建制、国防建设，军队衔级制，戒严、特赦等。

（3）其他涉及国家整体利益的行为，如全国总动员行为、处理行政机关与其他国家机关关系的行为等。

所有这些行为涉及的问题不纯属于法律问题，而是政治问题。政治问题的得与失，正确与错误，不能用纯粹的法律标准来衡量；而必须用政治标准来评判。无论哪一类国家行为，都不可能完全按行政法规来实施，也不由法院来裁断其合法与否。因此，国家行为不属于行政行为的范畴，国家行为的实施者也不对该行为的后果直接承担法律责任。但是，国家行为并非不受任何限制，错误的国家行为常常需要承担政治责任。

2. 行政行为与行政主体内部行为的关系

行政主体的内部行为，一般是指行政主体为了自身的运转而实施的关于内部机构设置、人员配备的管理、制定工作规划等不涉及相对人利益的行为。无论是以行政机关形态存在的行政主体，还是以社会组织形态存在的行政主体，都有其自身如何更好地运转的问题。行政主体为了使自身更好地运转而实施的行为，尽管是行使权力的活动，但它不是针对行政相对人的，也不涉及相对人的利益。因此，行政主体的内部行为一般不被列入行政行为的范畴，因内部行为引起的纠纷也不通过行政诉讼的方式解决，而只在行政主体的内部通过申诉的方式解决。

3. 行政行为与公务员个人行为的关系

行政主体发出的行为就是行政行为，关于行政主体，其不仅指行政机关，而且指一些由法律授权的社会组织。无论哪一种行政主体，都不可能由组成该主体的所有人共同实施行政行为。

实际上，行政行为是组成行政机关和社会组织的、充任不同职位的公务员或（社会组织的）工作人员执行职务的行为。因此，行政行为实质上是作为自然人的公务员或工作人员的职务行为。职务行为是公务员以行政主体的名义执行职务的行为，这种行为的法律后果由行政主体承担，这是问题的一方面。另一方面，公务员作为自然人，在执行职务以外，还可以普通公民的身份实施个人行为。公务员的个人行为与执行职务无关，个人行为的法律后果只能由行为者自己承担。

因此，公务员的个人行为不是行政行为，行政主体对其所属公务员的个人行为不承担法律责任。无论从理论要求上讲，还是从实践需要上讲，公务员的两种身份都不能混同，以普通公民身份执行职务，必然降低行政行为应有的威力；反之，以公务员身份实施个人行为，难以避免假公济私，利用职务之便，谋取个人好处。

（二）行政行为的特征

行政行为是行政主体行使行政权力的外在表现形式，是行政权力的具体实现。因此，行政行为具有其自身的特征有以下几点。

1. 法律性

法律性是行政行为最基本的特征。因行政行为是一种法律行为，它能产生一定的法律后果，其行使的前提是不损害相对人的合法权益。

2. 执行性

行政行为是执行法律的行为，其执行性表现如下：

（1）无论是行政行为的权限，还是行政行为的内容，二者都必须符合相关的法律，倘若没有法律对其作出明确的规定，那么行政人员的行政行为就是越权行为。

（2）行政人员在实施行政行为时必须考虑法定程序，行政程序是对行政行为的要求，这里的要求既包括时间上的要求，也包括空间上的要求，行政机关不得任意行使职权，应当符合程序规定。

（3）行政行为从属于立法行为，行政主体虽然也可以进行行政立法，创制行政法规，但由于行政主体的法律地位决定了行政性规范只是一种准立法行为，是从属性的立法行为，是为执行法律规范而制定的规范。

（4）行政行为是要时刻受到法律监督的，当行政人员实施行政行为之后，其行为就具有法律效力，但必须指出的是，这里的法律效力并不是指最终的法律效力，因为相对人如果不服，其就可以通过其他途径上诉。

3. 单方性

行政行为一般表现为行政机关可以根据自己的意愿实施行为，行政相对人并不会左右其意志，也无法决定其行为，包括依职权的行政行为以及依申请的行政行为，依职权的行政行为较为容易理解其单方性，依申请的行政行为虽然以相对人的申请为前提，但是否许可仍由行政机关单方决定，相对人并没有决定的权利。当然行政行为有一种特殊的行为方式——行政合同，它是一种双方行为，以行政机关和相对人一方的合意为基础。

4. 裁量性

因为立法技术具有一定的局限性，国家行政管理复杂多变，所有调整行政法律关系的法律规范都不可能对所有的行政管理事务规定得特别仔细，而且要清楚的是，当前的行政实践更加复杂，每一事项都有其自身的特点，法律是不可能面面俱到的，因此，法律一般会给予行政机关一定的自由裁量权，让其在某些范围之内可以自行决定实施自己的行为。

正是由于法律赋予了行政机关一定的自由裁量权，才使得行政机关所实施的行为几乎都是自由裁量权的结果，这就让行政行为总是包含着主观要素。不过，尽管行政机关具有一定的自由裁量权，但这并不意味着其可以随意实施自己的行为，其行为必须在法律允许的范围之内。

5. 效力先定性

行政机关工作人员所实施的行政行为是法律允许的，因此，对于个人或者团体来说，都是具有法律效力的，是必须服从的，当然，行政机关所实施的行政行为的效力也是可以被否定的，这就需要有权机关按照职权与法定程序进行审查与认定。而且，即使是在行政行为受审查期间，非经法定程序和必要条件，如行政主体认为应停止、情况危急等，也不得停止其执行。

6. 无偿性

对于行政行为来说，它是以无偿为原则的，同时以有偿为例外的。行政主体的追求是明确的，那就是要追求国家与社会公共利益，因此，其所做的一切都应该符合公共利益，应当是无偿的。如果从整体上把握，可以发现，对于行政相对人来说，其所享受的行政人员提供的无偿无法是合情合理合法的，因而他们也承担了一些公共负担，如纳税。因此，行政主体在行使权力时提供给公众的是一种具有普遍性质的公共服务，通常情况下它是具有无偿属性的，所以，那些乱收费的情况都是违法的。

7. 权利和义务的统一性

行政机关行使权力，对于相对人的权利义务发生影响。从形式上看，行政行为在实施过程中具有明显的权力与强制性特征，不过，如果从侧面来看，可以发现，行政机关所实施的每一个行政行为都是其在履行法定义务，也就是说，其通过实施行政行为来履行自己的职责，并完成法律规定的义务。因此，行政行为对于相对人而言，表现为权力特征，但是对于行政机关本身，则又是行政机关的义务。

二、行政行为的成立要件

“行政行为成立对行政法学理论研究和行政法实践有着重要意义。”[①] 法律规定的行政行为能够成立的必要条件就是行政行为的成立要件。行政行为主体只有满足了这些条件，其决策的行政行为才是有效的，或者说是成立的，否则该行为是无效的行为或违法行为。

行政诉讼制度的成立，既是保证行政行为主体认真执行国家法律法规，正确行使国家权力的重要措施，又是一项保护并实现人民利益，维护符合法

① 马良全，张菲菲．论行政行为成立［J］．贵州社会科学，2008（11）：129.

定程序的具体行政行为的法律制度。从行政诉讼层面上来探究行政行为，能够帮助学者们对行政行为成立要件进行系统研究，区分哪些行政行为是合法的，哪些是违法的，不过，我们仅讨论法律对所有行政行为的普遍要求，并不对其中的一些特殊要求进行讨论。

行政行为的成立，必须具备以下六个方面的条件。

（一）行政行为主体必须合法

做出行政行为的组织或行政机关工作人员的产生和存在，须有合法的根据，或者产生于合法的选举，或者产生于合法的任命，其职权、活动方式等均有法律的明确规定。

（二）行政行为必须在行政主体的职权范围之内

所有的行政行为主体，都有其在法律层面上应该具有的职权范围。那些在行政主体职权范围之内实施的行政行为才是有效的行政行为。“越权无效”是公认的行政法原则。例如，根据治安管理处罚条例，科处拘留处罚是市、县公安局、公安分局的权限，如果公安派出所实行这种行为即无效。又如，根据各种说法，征税是财税机关的权限，其他行政机关发出的征税命令则是无效的等。

（三）行政行为内容合法、适当、明确

确定行政行为的内容并不是靠某一行政人员决定的，而是要靠国家的法律、规章等，因此，这些行为必须符合国家法律、规章，同时在实践层面也要便于操作与执行。

此外，行政行为的对象以及目的等也要合理。比如，工商行政管理机关对工商业进行登记核发营业执照，如果是根据工商企业登记管理条例及其施行细则进行的，则为合法；对无证经营处理时，既对非法所得依法进行处罚，又在其具备条例规定的营业基本条件时核发其执照，则为适当，如果超越法律规定范围查封没收所有财产，造成当事人生活困难则为不适当。在核发执照时，对其经营范围是同意还是不同意，或只同意其中哪几种；是许可其批零兼营还是只许可零售不许批发；执照有效的时限是一年还是几年，营业地点是定点还是流动。

总之，凡涉及条例规定的内容，都应该是明确的，便于执行的，而不应该是模棱两可或含混不清无法执行的。无法执行的行政行为是无效的。

（四）行政行为是行为主体真实意思的表示

行政行为主体的本意就是真实意思，换言之，在一定的法律范围之内，能与行政行为总目标一致的，由行为主体自己作出的决策、决定或表达的行为意愿。在实践中非行为主体的真实意思是指：①为行为对象所欺骗而做出的行政行为；②被行为对象胁迫所实施的行政行为；③因为行为主体的错误认识而实施的行政行为。

（五）行政行为必须符合法定程序

在我国，随着法制的日益健全，行政行为一般都有法律、法规、规章规定的必须遵守的程序。

对于行为主体来说，只有根据相关法律程序实施行为，其行为才是有效的。

（六）行政行为必须符合法定形式

行政行为必须符合法定形式，一般是指行政行为中的要式行为必须符合法律规定的形式方能成立。不要式行为不受此条件制约。要式行政行为指必须依据某种形式的行政行为。比如，行政机关委托诉讼代理人，必须填写授权委托书，并由行政机关的法人签名盖章才有效；批准征用土地必须发给土地使用证等。

第二节　授益行政行为与负担行政行为

一、授益行政行为

授益行政行为是指该行政行为的直接法律效果是增进相对人的权利。行政给付和行政许可便是最为典型的授益行政行为。

（一）行政给付

1. 行政给付的特征

行政给付系指行政主体根据相对人的申请，依据国家法规，考虑相对人的具体条件，而决定无偿给予一定财物的行政行为。“行政给付是落实宪法规定的公民物质帮助权的制度，行政给付行为的实施应遵守国家责任原则、

基本生活保障原则、公平公开原则、补充性原则、补足性原则和及时性原则。”[①]这种意义上的行政给付，具有下列法律特征：

（1）财物性。行政给付表现为行政主体给予相对人一定的财物，以金钱或物质为给付内容。不具有“财物性”的给付不属于这种意义上的行政给付。因此，精神奖励不属于行政给付，物质奖励就属于行政给付，还有国家为相对人提供人身权与财产权上的保护等也不属于行政给付行为，只属于给付行政的一种内容。

（2）单向性。行政给付与行政征收不同，它不是由相对人向国家交纳财物，而是国家（通过行政主体）向相对人支付财物，所以具有行政主体针对行政相对人的单向性。

（3）无偿性。行政给付是国家针对一些生活困难者或其他需要救助的情况，依据法规给予救助的行为，它是国家福利政策的表现，因而是无偿的。任何对价性的、有偿性的支付均不属于行政给付。如国家对相对人私人财产的征收和征用而给予的补偿，行政执法机关因违法或合法行为给相对人造成损害而给予的赔偿或补偿等，均不属于行政给付。

（4）依申请性。行政给付属于依申请行为而不是依职权行为。它一般需由相对人向特定的行政主体申请，行政主体对其情况与条件进行审查，并依法决定给予或不给予救助。

2. 行政给付的形式及制度

我国行政给付的形式散见于各类给付制度中，大体有发放抚恤金、低保金，行政奖励、行政补助等形式。

（1）行政保障制度。行政保障制度是指行政机关在相对人发生年老、疾病或丧失劳动能力等情况时，或者在其他特殊情况下，依照有关法规规定，赋予其实质利益的制度。这是我国目前法律法规数量最多，也是比较成熟的制度。

行政保障制度是当前行政给付制度中较为发达的部分。行政保障的形式种类较多，分类较细，一般包括：发给牺牲、病故的军人、警察以及国家公务人员家属的抚恤金；发给革命残疾军人的抚恤金；发给烈军属、复员退伍军人的生活补助费等；发给退职人员的离退休金；为低于最低生活保障标准的城市居民提供生活保障费等。

---

①孔繁华．论我国行政给付的原则［J］．贵州警官职业学院学报，2006（3）：63.

（2）行政救助制度。行政救助制度包括灾害救济制度、社会救济制度两大类临时性、应急性的行政给付制度。

第一，灾害救济制度，包括洪涝灾害救济、防震减灾救济、地质灾害救济、森林火灾救济、突发公共卫生事件救济等。在生活供给、卫生防疫、救济物资供应、恢复生产和重建家园方面，有关人民政府及其相关部门承担大量行政给付职责。

第二，社会救济制度，主要包括对城市生活无着的流浪乞讨人员救助和农村特困户救济。

（3）行政补助制度。行政补助制度由行政补贴制度、行政助长制度两大类组成。前者包括对不可移动文物保护的补贴、扑救森林火灾人员医疗与抚恤、粮食生产补贴、增加农民收入的补贴、促进就业补贴。

（4）行政奖励制度。精神奖励不属于行政给付，物质奖励才属于行政给付。我国的行政奖励制度可分为作出贡献类奖励制度与举报有功类奖励制度。前者包括防震减灾奖励、计划生育奖励、公安机关人民警察奖励、国家公务员奖励、国家科学技术奖励、优秀教师奖励、教学成果奖励、科技进步奖励、文物保护奖励；后者包括反假人民币奖励与税务违法案件举报奖励。

（二）行政许可

1. 行政许可的特征

行政许可因具有对特定活动范围进行事先控制的功能而被各国政府作为一种行政管理手段广泛采用。它也是行政法上的一种最基本的行政决定形态，是一种授益行政行为。行政许可作为一种独特的行政行为，具有如下法律特征：

（1）事先性。行政许可的本质功能是事先控制一种行为范围。因球场空间的限制无法让更多的观众入场观看比赛时，只能发票，持票者方能入内。这种票就具有许可的功能。为防止拆迁人在不符合条件情况下进行拆迁，因而有了“拆迁许可证”。行政许可具有事先控制性，凡是针对事后行为的处理（如行政处罚等）均不是行政许可。

（2）赋权性与解禁性。行政许可首先是一种行政赋权行为，它是赋予特定行政相对人从事某种活动的权利和资格，如捕捞、开业、建房等，而不是限权行为。其次，在法规已有禁止规定的条件下，行政许可又属于解禁行为，如持枪、采矿等。所以，行政许可具有双重性，即赋权性与解禁性。

（3）依申请性。行政许可是一种依申请行政行为。依申请行政行为是与依职权行政行为相对应的一种行政行为，其特点是：行政行为的作出须以行政相对人的申请为前提。行政许可须经相对人申请；不经相对人申请，行政主体不得主动实施行政许可。

（4）法定性。行政许可是一种非常严格的行政法律制度，法定性主要表现在：①实施行政许可的机关是法定的，不是任何行政机关都有行政许可权；②许可的事项又是法定的，对未被《中华人民共和国行政许可法》（以下简称《行政许可法》）列入的事项不得实施许可；③许可的程序也是法定的，已由《行政许可法》作出了统一规定，任何机关都不能创设许可程序。

2. 行政许可的事项

对行政许可事项范围的划定，是一个直接影响公权力与私权利界限的敏感问题。行政许可事项范围划定过大，会导致政府对公民权利干预过多过宽；相反，可能会导致政府对社会的管理失控。所以，《行政许可法》规定了设定行政许可的原则。设定行政许可，应当遵循经济和社会发展规律，有利于发挥公民、法人或者其他组织的积极性、主动性，维护公共利益和社会秩序，促进经济、社会和生态环境协调发展。

从《行政许可法》的立法设计来看，行政许可的事项分为两类：一是可以设定许可的事项；二是可以不设定许可的事项。

以下六类属于可以设定许可的事项：

（1）准予公民、法人或者其他组织从事直接涉及国家安全、公共安全、经济宏观调控、生态环境保护以及人身健康、生命财产安全等特定活动的事项。这类事项有三个特点：①这些活动必须直接涉及国家安全、公共安全、经济宏观调控、生态环境保护以及直接关系人身健康、生命财产安全等；②它们一般无数量控制；③行政机关只是审查申请者的申请条件，对符合法定条件者给予许可，否则就不予许可。

（2）赋予公民、法人或者其他组织从事有限自然资源开发利用、公共资源配置以及直接关系公共利益的特定行业的市场准入等权利的事项。这类事项有三个特点：①它的功能在于赋予有限自然资源开发利用、公共资源配置以及特定行业的市场准入等权利；②它一般有数量控制；③具有对价性，相对人被许可获得特定权利后，需支付一定的对价。具体来说，它涉及“两大资源一大行业”，即对自然资源的利用、对公共资源的配置与特定行业市场的进入。

（3）有关确定资格、资质方面的事项。这类事项有两个特点：①它只限于“提供公众服务并且直接关系公共利益的职业、行业”，不提供公众服务或虽提供公众服务但并不直接关系公共利益的职业、行业，不需实行许可制度，如医生与律师等。②从事这些职业、行业的个人和组织依法需要确定“特殊信誉、特殊条件或者特殊技能”，如律师的法律职业资格证等。如果只需有一般的信誉、一般的条件或者一般的技能，就无须实施许可制度。

（4）对特定物的检测、检验和检疫的事项。《行政许可法》将这一事项表述为：直接关系公共安全、人身健康、生命财产安全的重要设备、设施、产品、物品，需要按照技术标准、技术规范，通过检验、检测、检疫等方式进行审定的事项。根据这一表述，这类事项的特点：①它是“通过检验、检测、检疫等方式进行审定”的活动，它接近事实上的鉴定性，而不是一般的审批活动；②这种活动的对象是“物”而不是“人”，是设备、设施、产品、物品等；③这种“物”必须直接关系公共安全、人身健康、生命财产安全，否则也无须许可。民用航空器及发动机设备，应当向国务院民用航空主管部门申领合格证书，就属于这类许可。

（5）有关组织的设立需确定主体资格的事项。这是有关企业或者社会组织（如社会团体）设立的行政登记制度。行政登记并不全部属于行政许可，主体设立登记或行为登记属于行政许可，但权属登记与人身关系登记不属于行政许可。

（6）法律、行政法规规定可以设定行政许可的其他事项。这是一个兜底条款，意味着除了以上五类可设定许可的事项以外，全国人大及其常委会的法律和国务院的行政法规还可以通过单一性法律、法规来规定新的可设定许可的事项。

3. 行政许可的实施机关

行政许可的实施机关，是指依法具体实施行政许可权的组织，或称实施行政许可的主体。实施行政许可的主体有以下三类：

（1）拥有行政许可权的行政机关。行政许可由具有行政许可权的行政机关在其法定职权范围内实施。首先，这一规定确立了“行政许可应当由行政机关实施”的原则。因为行政许可权属于国家的公权力，必须由国家行政机关依法行使。这是为了保证国家公权力的严肃性。其次，不是任何行政机关都具有实施行政许可的资格，它的权力来自法律、行政法规和地方性法规。

如果是临时许可，那么它的权力也来自国务院决定和省级人民政府规章。最后，行政机关必须在法定职权范围内实施行政许可。这是许可行为的合法性要求。

（2）法律、法规授权的具有管理公共事务职能的组织。行政许可应当由行政机关实施，但在得到法律、法规授权的条件下，具有管理公共事务职能的组织也可以实施行政许可。这就是授权许可制度。《行政许可法》之所以设立授权许可制度，主要是考虑当今社会高速发展，行政管理事务范围愈加广泛，专业性越来越强。授权行政机关以外的社会组织实施许可，不仅可以节省行政成本，而且可以提高许可质量（尤其在专业许可领域）。

授权许可制度需具备以下要素：

第一，主体必须是具有管理公共事务职能的组织。这些组织不是指国家机关和政党组织，而是指企业、事业单位和社会团体。

第二，这些组织必须得到法律、法规的授权。实施行政许可并非具有管理公共事务职能的组织的当然权力，只有得到法律、法规明文授权的具有管理公共事务职能的组织才可实施行政许可。这种授权的授权法范围只限于法律、行政法规和地方性法规，规章和行政规定不得作出这方面的授权。

第三，被授权的组织以自己的名义实施行政许可。这些组织得到法律、法规授权时，其法律身份为行政主体。而行政主体实施行政行为时必须以自己的名义进行并承受行为效果。

第四，被授权的组织适用《行政许可法》有关行政机关的规定。这些组织被授权后便成为行政主体，因而被视作行政机关。这些组织在实施行政许可时，必须受《行政许可法》对行政机关各种规定的约束。

（3）受委托的行政机关。根据《行政许可法》规定，行政许可原则上应当由具有许可职权的行政机关依法实施，不得由另外的行政机关实施。但《行政许可法》考虑到行政管理事务的复杂性，并为精简机构，规定了委托许可制度。

行政机关在其法定职权范围内，依照法律、法规、规章的规定，可以委托其他行政机关实施行政许可。委托机关应当将受委托行政机关和受委托实施行政许可的内容予以公告。委托行政机关对受委托行政机关实施行政许可的行为应当负责监督，并对该行为的后果承担法律责任。受委托行政机关在委托范围内，以委托行政机关名义实施行政许可；不得再委托其他组织或者个人实施行政许可。根据这一规定，委托许可制度由下列要素构成：

第一，委托方是依法被设定拥有行政许可权的行政机关，受委托方也是行政机关。这与行政处罚中的委托不同，处罚委托是行政机关对事业单位的委托，而许可委托是行政机关对行政机关的委托。

第二，委托方的委托行为必须在法定职权范围内进行。也就是说，委托方行政机关必须拥有许可职权，它只能将所拥有职权的全部或一部分委托给其他行政机关。

第三，委托许可须以法律、法规、规章的规定为前提。行政机关实施委托许可，必须有法律、法规、规章的依据，无此依据，不得实施委托。

第四，受委托许可的机关在委托范围内，以委托行政机关名义实施行政许可，行为效果归属于委托方行政机关。这是因为，在行政委托关系中，受委托方不是行政主体，而是以行为主体身份出现的，因而它只能以委托方的名义实施许可，并由委托方承受行为后果。

第五，委托方行政机关应当将委托信息公开并监督受委托机关的许可行为。这是委托方行政机关的法定职责，体现了行政公开原则和监督原则。

第六，受委托机关不得再行将许可委托给其他组织或个人。这是一次性委托原则的要求。原则上，任何委托只能委托一次，不允许再委托，否则不利于对公权力的监督与控制。

4. 行政许可的一般程序

行政许可的一般程序，是指由《行政许可法》和其他有关法规所规定的，行政许可机关和相对人必须遵循的，有关行政许可实施的方式、步骤和时限等法律制度。国家设置行政许可程序的目的在于保障实施行政许可权的公正与效率。行政许可的实施程序，不仅是行政许可机关实施行政许可的程序，而且是行政相对人参与行政许可的程序。申请—受理—审查—听证—决定，乃是行政许可实施程序的最基本环节。

（1）申请。行政相对人从事特定活动，依法需要取得行政许可的，应当向行政许可机关提出申请。申请人除依法应当亲自到行政机关办公场所提出行政许可申请外，还可以委托代理人提出行政许可申请。

行政许可申请可以通过信函、电报、电传、传真、电子数据交换和电子邮件等方式提出。

申请人申请行政许可，应当如实向行政机关提交有关材料和反映真实情况，并对其申请材料的真实性负责。行政机关不得要求申请人提交与其申请的行政许可事项无关的技术资料和其他材料。

（2）受理。行政许可机关对申请人提出的行政许可申请，应当根据情况分别作出处理：①申请事项依法不需要取得行政许可的，应当及时告知申请人不受理。②申请事项依法不属于本行政机关职权范围的，应当及时作出不予受理的决定，并告知申请人向有关行政机关申请。③申请材料存在错误但可以当场更正的，应当允许申请人当场更正。④申请材料不齐全或者不符合法定形式的，应当当场或者在五日内一次告知申请人需要补正的全部内容，逾期不告知的，自收到申请材料之日起即为受理。⑤申请事项属于本行政机关职权范围，申请材料齐全、符合法定形式，或者申请人按照本行政机关的要求提交全部补正申请材料的，应当受理行政许可申请。

行政机关受理或者不予受理行政许可申请，应当出具加盖本行政机关专用印章和注明日期的书面凭证。

（3）审查。行政机关应当对申请人提交的申请材料进行审查。对申请人提交的申请材料进行审查把关是行政许可实施机关的法定职责。如果审查错误导致许可决定错误，行政许可机关应当承担相应的责任。此外，行政机关对行政许可申请进行审查时，发现行政许可事项直接关系他人重大利益的，应当告知该利害关系人。申请人、利害关系人有权进行陈述和申辩。行政机关应当听取申请人、利害关系人的意见。

（4）听证会。听证会是行政许可机关在对许可申请的审查过程中，在作出许可决定前所举行的听取申请人、利害关系人的意见的最正规形式。听证会并不是实施行政许可过程中的必经程序，但它已经成为一个广泛的程序。举行听证会的，行政机关应当根据听证笔录，作出行政许可决定，否则听证会便会失去意义。

（5）决定。申请人的申请符合法定条件、标准的，行政许可机关应当依法作出准予行政许可的书面决定。不符合法定条件、标准的，行政许可机关应当作出不予许可的书面决定。依法作出不予行政许可的书面决定的，应当说明理由，并告知申请人享有依法申请行政复议或者提起行政诉讼的权利。

（6）期限。行政许可机关作出许可决定的期限，分四种情况：①能够当场作出许可决定的，就当场作出许可决定。②不能当场作出许可决定的，应当自受理行政许可申请之日起 20 日内作出行政许可决定。20 日内不能作出决定的，经本行政机关负责人批准，可以延长 10 日，并应当将延长期限的理由告知申请人。但是，法律、法规另有规定的，依照其规定。③对于统一办理或者联合办理、集中办理的许可，办理的时间不得超过 45 日；45 日内不能办结的，经本级人民政府负责人批准，可以延长15日，并应当将延长期限的理由告知申请人。④依法应当先经下级行政机关审查后报上级行政机关决定的行政许可，下级行政机关应当自其受理行政许可申请之日起20日内审查完毕。但是，法律、法规另有规定的，依照其规定。

二、负担行政行为

如果说授益行政行为的直接法律效果是增进相对人的权利，那么负担行政行为正好相反，其直接法律效果是增加相对人的义务和责任。行政处罚、行政征收、行政征用、行政强制是负担行政行为的基本形态。

（一）行政处罚

1. 行政处罚的特征

行政处罚是指特定的行政主体依法对违反行政管理秩序而尚未构成犯罪的行政相对人所给予的行政制裁。“行政处罚手段是行政处罚制度的核心内容。”[①]行政处罚具有下列特征：

（1）制裁性。行政处罚以行政相对人违反行政管理秩序行为的存在为前提，是行政主体对犯有违反行政法律规范行为相对人的一种惩罚，因而具有行政制裁性。

（2）处分性。行政处罚与行政命令、行政确认等不同，它是对相对人权利与义务的一种处分。如罚款决定，其法律效果是导致相对人一定数量的财产被剥夺；行政拘留决定，意味着相对人的人身自由权在一定的期限内被剥夺。

（3）不利性。行政处罚不是中性行为，而是不利行为，即对行政相对人造成一种不利的后果。

（4）法定性。行政处罚作为一种特定的行政行为，其结果是导致相对人权利被剥夺，因而必须依法设定。根据《中华人民共和国行政处罚法》（以下简称《行政处罚法》）的规定，行政处罚的机关、种类、范围、程序等都必须是法定的。

① 胡建淼．论行政处罚的手段及其法治逻辑［J］．法治现代化研究，2022，6（1）：17.

2. 行政处罚法的原则

（1）行政处罚法定原则。它要求实施行政处罚的主体及其职权法定，行政处罚的种类法定，行政处罚的依据法定，行政处罚的程序法定。

（2）行政处罚公正、公开原则。它要求：①实施行政处罚必须以事实为依据，坚持实事求是；②实施行政处罚应当“过罚相当”，即行政处罚必须与违法行为的事实、性质、情节以及社会危害程度相当。同时，要求行政处罚的依据及处罚中的有关内容必须公开。

（3）行政处罚与教育相结合原则。它要求确立的观念是：处罚是手段，而不是目的；教育先行；处罚与教育并行。

（4）相对人救济权利保障原则。被处罚人对行政主体实施的行政处罚，拥有获得法律救济的权利，包括陈述权、申辩权、申请行政复议权、提起行政诉讼权和获得行政赔偿权等。

3. 行政处罚的种类

（1）警告，是指行政主体向违法相对人发出警戒，申明其有违法行为，通过对其名誉、荣誉、信誉等施加影响，引起其精神上的警惕，使其不再违法的处罚形式。它在行政处罚中属于最轻微的一种处罚形式。

（2）罚款，是指行政主体强制违法相对人交纳一定钱币的处罚。它是实践中比较常用的一种处罚形式。

（3）没收违法所得、没收非法财物，是指行政主体对违法相对人的违法所得和非法财物的财产所有权予以最终剥夺的处罚形式。

（4）责令停产停业，是指行政主体强制违法相对人在一定期限内停止经营的处罚形式。

（5）暂扣或者吊销许可证、暂扣或者吊销执照。简单的提法是“吊扣证照”，是指行政主体对违法相对人取消许可证或执照，或者在一定期限内扣留许可证或执照的处罚形式。许可证和执照只是行政许可的书证之一，这里应当理解为“吊销行政许可”。

（6）行政拘留，是指行政主体在一定期限内剥夺违法相对人人身自由的行政处罚。它是最为严厉的一种行政处罚。

（7）法律、行政法规规定的其他行政处罚。《行政处罚法》规定的行政处罚的形式只限于上述六类，这六类以外的行政处罚形式，须由法律和行政法规设定，地方性法规和行政规章等一概不得设定行政处罚的其他种类和形式。

4. 行政处罚的设定

行政处罚的设定规则如下：

（1）法律的设定权。法律可以设定各种行政处罚。限制人身自由的行政处罚，只能由法律设定。

（2）行政法规的设定权。行政法规可以设定除限制人身自由以外的行政处罚。这里“限制人身自由的处罚”，目前仅指行政拘留。

（3）地方性法规的设定权。地方性法规可以设定除限制人身自由、吊销企业营业执照以外的行政处罚。

（4）国务院部委规章的设定权。国务院部委规章可以设定警告或者一定数量罚款的行政处罚。罚款的限额由国务院规定。

（5）国务院直属机构规范性文件的设定权。具有行政处罚权的国务院直属机构制定的规范性文件，在国务院授权条件下，享有国务院部委规章的地位。

（6）地方政府规章的设定权。省、自治区、直辖市人民政府和较大市的人民政府制定的规章（简称地方人民政府规章）可以设定警告或者一定数量罚款的行政处罚。罚款的限额由省、自治区、直辖市人民代表大会常务委员会规定。

法律、行政法规、地方性法规和政府规章以外的规范性文件不得设定行政处罚。

（二）行政征收和行政征用

1. 行政征收

（1）行政征收的特征。行政征收是行政决定的形态之一，也是一种独立的行政行为。它是指行政主体依法向行政相对人强制性地收取税费或私有财产的行政行为。

由于行政征收的效果是剥夺和处分相对人的私有财产权，而公民的私有财产权是受宪法和物权法特别保护的基本权利，因此行政征收是一项必须由法律直接明确设定的法律制度。它具有四个独特的法律特征：

第一，处分性。行政征收是国家行政主体对行政相对人财产所有权的一种处分，而不是仅限于对其财物使用权的限制。行政征收的直接法律效果，是导致行政相对人有关财产权的丧失。无论是行政主体向相对人征收税费，还是征收私有财产，如房产等，都意味着同一种结果，即相对人一定范围内的财产权被处分，财产所有权发生转移，从相对人转向国家。正因为如此，

行政征收不能纳入不具有处分性的行政强制措施的范畴。

第二，强制性。行政征收机关实施行政征收行为，实质上是履行国家赋予的征收权，这种权力具有强制他人服从的效力。因此，实施行政征收行为，无须征得相对人的同意，甚至可以在违背相对人意志的情况下进行，征收的对象、数额及具体征收的程序，完全由行政机关依法确定，无须与相对人协商一致，除非法律另有规定。行政相对人必须服从行政征收命令，否则应承担一定的法律后果。如相对人不依法交纳税款，就将遭受国家税务机关的处罚。

第三，非对价性。国家行政主体向相对人征税是无偿的，作为纳税义务人的相对人有无偿交纳税款的义务。行政收费大多也是无偿的，虽然个别行政收费以提供行政服务为前提，但由于相对人交纳的费用不属于行政服务费，因而不具有对价性。国家征收相对人的个人财产，虽然依法给予补偿，但也是不对价的。因为补偿款是法定的，并不根据被征收财产的实际价值支付对价。

第四，法定性。行政征收的强制性和非对价性，决定了其对相对人的权益始终具有侵害性。因此，为了确保行政相对人的合法权益不受违法行政征收行为侵害，必须确立行政征收的法定原则，将行政征收的整个过程纳入法律调整的范围。这就决定了行政征收是一项严格的法律制度，必须由法律直接设定。

（2）行政征收的种类和基本制度。行政征收，是国家凭借其权力参与国民收入分配和再分配的一种方式，其基本目的在于满足国家为实现其职能而对物质的需要。行政相对人的财产一经国家征收，其所有权就转移为国家所有，成为国家财产的一部分，由国家负责分配和使用，以保证国家财政开支的需要。换言之，行政征收是财产的单向流转，一经征收，不再返还相对人，也不给予对价性的回报。在我国，这种制度有以下几种：

第一，土地征收。我国的土地所有制只有两种：国家所有和集体所有。城市的土地属于国家所有；农村和城市郊区的土地，除由法律规定属于国家所有的外，属于集体所有；宅基地和自留地、自留山，也属于集体所有。国家为了公共利益的需要，可以依照法律规定对集体所有的土地实行征收或者征用并给予补偿。

第二，房屋征收。对集体所有土地上的房屋的征收，是作为被征收土地附属物按照土地征收程序处理的。所以，这里的房屋征收是指国有土地上的房屋征收。

第三，财产征收。从广义上讲，土地和房屋都是财产。但是这里的财产征收，系指对土地和房屋以外的集体财产和个人财产的征收。财产征收包括对企业的征收。国家保护外资企业和中外合资经营企业，对其不实行国有化和征收，但在特殊情况下，根据社会公共利益的需要，对外资企业和合营企业可以依照法律程序实行征收，并给予相应的补偿。财产征收还包括对相对人许可权利的提前收回。

第四，税的征收。税，亦称税收，是国家税收机关凭借其行政权力，依法强制无偿取得财政收入的一种手段。按照征税对象的不同，可分为流转税、资源税、收益（所得）税、财产税和行为税五种。按照税收支配权的不同，可分为中央税、地方税和中央地方共享税。国家通过对各种税的征管，达到调节资源分配和收入分配、各行各业协调发展的目的。通过对中央税、地方税和中央地方共享税的合理分配，兼顾中央和地方的利益，有利于市场经济条件下宏观调控的实施。

第五，费的征收。费，即各种社会费用，是一定行政机关凭借国家行政权所确立的地位，为行政相对人提供一定的公益服务，或授予国家资源和资金的使用权而收取的对价。目前，我国的各种社会费用主要有公路运输管理费、公路养路费、港口建设费、排污费、教育附加费和社会抚养费等。

2. 行政征用

（1）行政征用的特征。行政征用是行政决定的形态之一，是一种独立的行政行为。它是指行政主体根据法律规定，出于公共利益的需要，强制性地使用相对人的财产并给予补偿的行政行为。

行政征用行为具有下列法律特征：

第一，非处分性和限制性。行政征用并不导致被征用物所有权的转移，而只是强制性地使用被征用物（如交通工具等）。被征用物只是因被征用而其使用权受到限制。也就是说，行政征用只是影响被征用物的使用权而不是处分其所有权，所以它不具有处分性。

第二，强制性。行政征用是一种国家的单方强制行为，不以被征用财物所有权人和使用权人同意为前提。

第三，补偿性。行政征用具有补偿性，行政主体征用有关财物时，应当向被征用人支付补偿金。

第四，法定性。行政征用同样属于行政限权行为，其效果显然对行政相对人不利。因此，行政征用的主体、条件、对象、方式、范围等都必须有法律的明文依据。无法律依据，不得行政征用。

第五，应急性。行政征用一般是在抢险、救灾等紧急需要情景下采用，所以具有应急性。

（2）行政征用与行政征收的比较。行政征收与行政征用只有一字之差，二者常以“行政征收与征用”联用。这样的联用也未必没有道理，因为行政征收与行政征用具有“强制性”与“法定性”的共性，都由行政主体依据法律单方作出，无须相对人的同意，均由法律直接设定征收或征用项目。

但它们是两个独立的行政行为，存在着明显的区别：

第一，处分所有权与限制使用权的不同。行政征收与行政征用都是影响相对人权利的“不利行为”，但影响程度是不同的。行政征收是处分相对人的财产所有权，导致相对人被征收物所有权的转移；而行政征用并不处分相对人财产的所有权，并不导致被征收物所有权的转移，只是限制了相对人对被征用物的使用权。从这个意义上可以说，行政征收是对所有权的征用，行政征用是对使用权的征收。

第二，补偿原则的不同。在行政征收中，征税与征费不发生补偿问题，对其他财产权的征收以补偿为条件。但对于行政征用来说，则完全适用补偿原则，都以补偿为条件。

第三，是否具有应急性的不同。行政征用一般发生在应急状态下，如在抢险、救灾等紧急情形中征用交通工具或通信工具等；行政征收不具有应急性。

（3）行政征用的种类和基本制度。我国行政征用大体包括：①对交通工具与通信设备的征用。②对房屋、场地与设施的征用。③对劳力的征用。有关行政主体在应急状态下，特别在抢险、救灾中，根据法律规定，强制性地征调劳力进行特定工作，并支付一定的报酬。④对其他财产的征用。除上述情况外，其他财产在有法律明文规定的前提下，如遇应急状态，也可被征用。

（三）行政强制

行政强制是行政强制行为的简称，包括行政强制措施与行政强制执行，属于负担行政行为。我国于2011年制定了《中华人民共和国行政强制法》（以下简称《行政强制法》），它是中国行政强制制度的基本法律。

1. 行政强制措施的特征

行政强制措施，是指国家行政机关在行政管理过程中，为了维护和实施行政管理秩序，依法对相对人的人身自由或者财物实施暂时性限制或控制的行政行为。行政强制措施作为一种行政强制行为，除具有行政行为及行政强制的一般特征外，还具有以下独特的法律特征：

（1）行政强制措施是一种“限权性”行为。它是一种负担行政行为而不是授益行政行为，相对人将承担一种不利后果。它是一种限权性行政行为而不是处分性行政行为。它表现为对相对人权利的限制而不是剥夺。

（2）行政强制措施是一种“暂时性”行为。暂时性又称临时性，相对于永恒性而言。行政强制措施是行政机关在行政管理过程中为维护和实施行政管理秩序而采取的暂时性手段，措施本身不是行政机关管理的最终目标。采取行政强制措施并未达到也不可能达到管理上的最终结果，它是为另一种处理结果的实现服务的。如对相对人财产的扣押，其本身不是目的，因而不可能是永恒的（迟早会解除扣押），它是为防止财产被转移从而防止事后的处理结果无法实施而采取的预防性、保障性措施。行政强制措施作为一种暂时性行为也可理解为一种中间性行为，与作为最终性行为的行政处罚、行政裁决和行政强制执行等行为有别。

（3）行政强制措施是一种“可复原性”行为。在行政强制措施实施前，被强制人的人身自由与财产权处于“原状态”，强制机关对其实施强制措施后，被强制人的人身自由和财产权就处于“被限制状态”，强制措施被撤销或强制措施到期后，被强制人的人身自由和财产权又会回到被强制前的状态即“原状态”。行政处罚和行政执行等一般不具有“可复原性”。

（4）行政强制措施是一种“从属性”行为。所谓从属性行为，系指为另一种行政行为服务的辅助性行为，具有预防性、保障性的特点。限制人身自由是为了防止被限制人继续危害社会，对财产的查封是为了防止该财产被转移，从而防止事后的处理决定得不到执行。

2. 行政强制措施的种类

（1）限制公民人身自由。限制公民人身自由，系指行政机关为了实施行政管理的需要，依据法律对公民的人身自由进行短期内限制的行政强制措施。

（2）查封场所、设施或者财物。从理论上说，查封场所、设施或者财物是有关行政机关为了预防和制止违法行为，保证行政决定的有效执行，通过“就地封存”的方法，在短时间内禁止对场所进行使用并限制对财物进行使用、毁损、转移和处分的行政强制措施。

（3）扣押财物。扣押财物是与查封相并行的行政强制种类和手段。这两项措施的主体、功能、依据基本相同，法律法规往往对这两项措施同时作出

规定，行政机关可以针对不同财物的特点选择不同措施。从理论上说，扣押措施是指有关行政机关为了预防和制止违法，保证行政决定的有效执行，将涉嫌违法的财物移动至有关地点进行直接控制，在短时间内禁止相对人对扣押财物的使用、毁损、转移和处分的行政强制措施。

（4）冻结存款、汇款。冻结这一措施与查封、扣押措施有明显的区别，从理论上说，冻结措施是指有关行政执法机关，为了防止相对人转移或者隐匿违法资金，损毁证据，或者为了保障行政决定得到有效执行，通过金融机构对相对人的账户采取的停止支付、禁止转移资金的行政强制措施。

（5）其他行政强制措施。在现实中还有许多行政强制措施尚未列入，如冻结价格，冻结产权，各类行政检查，特别是进入住宅等。为了防止挂一漏万，“其他行政强制措施”是一个兜底性规定。

3. 行政强制的实施主体

与《行政处罚法》《行政许可法》相比，行政强制实施主体有三个区别：一是行政机关的主体资格要有法律、法规的规定，意味着规章不能规定行政强制实施主体；二是取消了行政处罚和行政许可中地方性法规授权执法的权力，只保留法律、行政法规授权具有管理公共事务职能的组织实施行政强制措施和强制执行权；三是取消了行政处罚、行政许可中的行政委托执法，明确行政强制权一律不得委托。

第三节　行政程序及其主要制度

程序是法治的基石，法律程序通常被视为人治与法治的分水岭，是法治进步的时代标志和基本推动力。程序的控权作用受到推崇，通过程序控制权力是人类社会的重要经验。程序对人权的保护效应为人称道，尤其是程序性权利对行政相对人主体地位的体现和维护，能够产生权利保障的多重效应。行政权力应当在法治轨道上运行，行政权限、行政程序、行政责任等是法治轨道最基本的部件，行政程序铺筑了行政法治轨道的路基。

行政程序法治旨在实现对行政行为的规范和控制，确保法律正确、及时和有效实施，维护公共秩序和公共利益，保障公民、法人和其他组织的合法权益。无论是行政立法、执法、司法行为，还是行政决策、执行、监督活动，都与不同的程序相关联。可以说，没有行政程序，就没有行政行为。“建立和完善行政程序制度，用行政程序规范行政行为，培育行政主体的法治思维，是依法治国的客观要求。”①

行政程序既有制度化程度高低的不同，又有正当性足够与否的差别。按照正当程序原则构建行政程序制度，推进行政程序法典化，是行政程序制度完善和发展的必然选择。

一、行政程序的特征

行政程序是指行政主体的职权行使所涉及的主体、环节、步骤、方式、顺序、期限、信息等诸项因素及其制度化的组合。它保证了行政行为具有过程性、行政过程具有开放性、行为过程具有正当性。显然，仅从行政主体的角度定义行政程序，不能完整地表述行政程序的内涵与意义，因为行政程序还是行政相对人主体性的基本保障。比如，行政主体对行政相对人实施行政处罚，必须听取行政相对人陈述和申辩。行政程序甚至还是专家与公众参与行政过程的重要支撑。比如，重大行政决策必须经过专家论证和社会公众参与环节。

行政程序的特征如下：

第一，行政程序的法定性与正当性。并非所有的行政程序都必须法律化。行政主体的一般管理工作程序、规范行政主体内部关系的程序等，可以在一般意义上强调制度化，而非都上升到法律层面。法定性是制度化的最高形式，行政主体实施行政行为所遵循的程序必须是法律程序，这是行政程序的外在特征。重要的行政法律程序必须贯彻公开、公平、公正原则，这是行政程序的内在品质。以行政正义为主旨的行政程序必须实现外在法定性特征和内在正当性品质的有机结合。

第二，行政程序的空间性与时间性。行政主体实施行政行为不可能一蹴而就，行政行为需要分环节、有步骤、采取一定方式、持续一定时间地展开，构成一个由主体、环节、步骤、顺序、期限、信息等要素组合的过程。一般来说，环节、步骤、方式等构成了行政程序的空间表现形式，时限、期间、顺序等构成了行政程序的时间表现形式，科学合理的行政程序应当实现空间表现形式与时间表现形式的有效结合。“正义要以看得见的形式实现”从一

① 蔡润东．行政程序意识的培养研究［J］．韩山师范学院学报，2015，36（1）：104.

定意义上说明了行政程序空间要素的价值，“迟来的正义不是正义”从一定意义上说明了行政程序时间要素的价值。

第三，行政程序的权力性与权利性。行政程序是关于行政权力运行的主体、环节、步骤、顺序、期限、信息等要素的组合，它以维护和保障行政主体及其行为的规范性、公正性、权威性和有效性为主旨，体现了行政程序权力性特征；同时发挥维护行政相对人知情、陈述、申辩、质证等程序性权利，保障行政相对人参与行政的功能，这是行政程序权利性的体现。符合法治要求的行政程序应当实现权力与权利的平衡。

第四，行政程序的行政性与司法性。行政程序不同于诉讼程序，诉讼程序具有完全司法性，而行政程序不可能也不需要具有完全司法性。一般来说，行政过程是行政主体主导的过程，其突出特征是行政性。行政裁决、复议等特别行政行为通常被视为“准司法行为”，其程序具有“弱行政性”或者说“强司法性”。行政性明显的行政处罚、许可、强制等行政行为因为引入司法性的听证程序，逐步实现了行政性与司法性适度结合的行政程序制度改造。

二、行政程序的类型

（一）外部行政程序和内部行政程序

外部行政程序是指调整和规范行政主体与行政相对人之间程序关系的规定。其主要特征是必须有行政相对人的参与，对行政相对人权益能够直接产生影响，如行政处罚调查程序。内部行政程序是指调整和规范行政主体之间或行政主体内部程序关系的规定，不需要行政相对人的参与，也不直接对行政相对人权益产生影响，如行政处罚过程中的自行回避程序。

内部行政程序规范行政主体之间的关系，包括上下级关系、同级关系、不同地域行政主体之间的关系，以及相应的授权制度、委托制度、管辖制度等。内部行政程序虽然不直接涉及行政相对人的权利义务，但可能间接地影响着行政相对人的权利义务。

区分外部行政程序与内部行政程序的意义在于，既要注意外部行政程序内部化现象，避免行政程序公开性和开放性的弱化，防止弱化行政相对人程序性权利，又要注意内部行政程序外部化现象，避免行政程序烦琐性、重叠性的强化，防止强化行政相对人程序性义务，增加行政相对人的负担。

（二）正式行政程序和非正式行政程序

正式行政程序是指法律规定的具有强制约束力的行政程序，违反正式行政程序规定可能对行政相对人合法权益产生实质影响，这直接关系行政行为的合法性。与此相对应，非正式行政程序是指强制约束性较弱的行政程序，如果不遵守非正式行政程序并不会对行政相对人合法权益产生实质影响，也不会完全否定行政行为的合法性。具有较强约束性的正式行政程序与约束性较弱的非正式行政程序，对于行政相对人参与行政的方式和程度要求不同。

正式程序与非正式程序的约束性差别主要体现在两个方面：①是否为必经程序；②程序结果的效力强弱。一般来说，通过正式程序获得的证据材料等通常是行政主体作出行政行为的直接甚至唯一依据，而通过非正式程序获取的证据材料等在行政主体作出行政行为时只作为参考。以听证程序为例，在行政立法和决策过程中，听证程序不是必经程序，可以由立法论证、决策咨询等程序替代，听证结果也不具有强制约束力，只是作为立法和决策的参考。与立法和决策听证程序相较，行政许可、行政处罚中的听证程序则属于正式的听证程序。

（三）普通行政程序和简易行政程序

普通行政程序是指行政主体行使行政职权应当遵守的基本程序，是行政程序中最完整的程序，又称为标准行政程序。而简易行政程序是对普通行政程序的简化，是指行政主体对事实清楚、情节简单的行政事务给予简便处理的程序，主要特点是简便易行，当时、当场即可完成。

简易程序须遵循“简约但不简单”的原则，必须制度化，包括当场决定制度、案件或事项备案制度、简易程序格式化制度等。适用简易程序必须具备法定情形并且符合正当程序的基本要求，包括自己不能做自己的法官、听取行政相对人陈述和申辩、说明理由与依据等。

（四）一般行政行为程序和特别行政行为程序

一般行政行为程序是指行政主体实施行政处罚、许可、强制、征收等行政行为所遵循的程序。特别行政行为程序是指行政主体实施行政合同、指导等行政行为和行政裁决、复议等裁判型行政行为所遵循的程序。在一般行政行为与特别行政行为区分的问题上并没有达成理论共识，因此在行政程序立法实践上也表现不同。

一般行政行为程序因为行政处罚、许可、强制等行为的高权性而特别强

调程序的行政主导性和规范严谨性，高权性行政行为在程序上更加注重法律保留、比例原则的要求。特别行政行为程序因为行政指导、行政合同等行政行为而特别强调程序的参与性和灵活性，又因为行政裁决、复议等行政行为所具有的裁判性而更加强调程序的司法性，同时，特别行政行为因为容易实现行政相对人的参与而更加强调诚实信用、信赖保护、行政参与和公正原则的要求。

（五）抽象行政行为程序和具体行政行为程序

抽象行政行为程序是规范行政主体抽象行政行为的程序，即行政主体实施具有普遍效力的行政行为所遵循的程序，包括制定行政法规、行政规章和其他行政规范性文件等所遵循的程序，以及作出行政决策所遵循的程序。具体行政行为程序是规范行政主体具体行政行为的程序，即行政主体做出影响特定行政相对人权益的行政行为所遵循的程序，包括行政处罚、许可、强制等所遵循的程序，以及行政合同、指导、裁决等所遵循的程序。

具体行政行为程序直接关系到行政相对人的权益，具体行政行为程序违法将对行政相对人权益产生不利影响，是行政行为违法的主要表现之一。因此，行政程序法治的重心是具体行政行为程序。尽管违反抽象行政行为程序不会直接对行政相对人权益产生影响，但因其广泛的社会危害性，应当将其纳入行政程序法治的范围。

三、行政程序的功能

行政程序所追求的价值包括民主、公正、经济、效率等。行政立法程序突出民主价值要求，行政司法程序突出公正价值要求，行政执法程序突出效率价值要求。现代行政程序制度完善和发展的重要标志是形成了完整的行政程序价值体系，包括促进民主、保障权利、控制权力、实现正义以及保障效率。

第一，促进民主。行政程序具有促进行政民主化的功能。行政民主既表现为行政立法要接受民意机关的政治控制，行政决策要接纳社会公众的民主参与，又表现为行政管理要接纳公众参与，行政执法要接受社会各方面的广泛监督。行政立法、决策、管理、执法等均应通过程序保障社会公众的知情权、参与权、表达权、监督权等民主权利，确保行政立法和决策体现民意与反映规律，行政管理和执法接纳参与与接受监督，以逐步形成民主行政和“良法善治”。

第二，保障权利。除程序对民主权利的保障、促进行政民主化外，通过程序保护权利更多地表现为行政程序维护行政相对人主体地位和权利的功能。行政程序对行政相对人的权利保障主要体现在两个方面：①通过行政程序抑制行政主体专横独断，保护行政相对人的实体性权利，减少和消除对行政相对人人身权、财产权和其他实体权益的行政侵害；②通过行政程序为行政相对人程序性权利的主张和实现提供机制、方式上的保障，保障行政相对人有效地享有知情、陈述、申辩、质证、申诉等程序性权利，维护行政相对人的主体地位，通过程序性权利形成制约行政权力的制度力量，从而更加有效地保障行政相对人的实体权益。

第三，控制权力。行政程序具有规范行政活动、控制行政权力的功能。程序具有控权功能，如司法权力运作的规范性主要是通过诉讼程序来实现的。通过行政程序实现对行政权力的控制已经成为世界性的经验。与更加着重于事前控制授予政府权力范围的组织法治不同，也与更加着力于事后对政府权力行使矫治的诉讼法治不同，程序法治更加强调在政府权力行使或者说行政行为过程中发挥控制规范政府权力的作用。与组织法治偏向立法作用、诉讼法治偏向司法作用不同，行政程序法治更加突出了行政相对人的地位和作用，形成了行政相对人程序性权利对政府权力的监督和制约。

第四，实现正义。正义是社会的根本价值追求和制度的精髓所在，正义亦是行政的价值追求。无论是立法正义、司法正义还是行政正义，都需要程序的支撑和保障。通过程序实现正义，是司法的基本传统和立法的重要经验，当然也是行政的最新选择。通过程序法治维护程序正义，通过程序正义实现实体正义，通过行政程序维护行政行为的公正性，是行政正义的基本要求。

第五，保障效率。程序的传统价值之一是效率。行政程序既规范行政主体的权力行为，也对行政相对人产生约束作用，有利于减少行政主体在行政过程中的专横、无序、摩擦和争议，与行政相对人形成互动、对话、合作和共识，从而有助于快速、及时地实现行政目的。其中就内含对行政相对人合法权益的有效保护和高效的公共服务。效率价值与民主、公正等价值存在一定的紧张关系，所以说行政效率有正效率与负效率之分。与民主、公正等同步的效率是正效率，以牺牲民主、公正为代价的效率是负效率。平衡行政程序效率价值与民主、公正价值的关系，确立和遵循提高行政效率不得违反公平原则、不得损害行政相对人合法权益等程序基本准则，消除为实现行政效率而附带的加重行政相对人义务、克减行政相对人权利等副产品、负能量，是真正的行政效率价值所在。

四、行政程序的主要制度

（一）职权分离

职权分离制度是行政程序基本制度之一，是指行政主体调查与审查、决定与裁决的职权分别由不同机构和人员行使的制度。在职能分化的基础上实现行政职责分工和职权分离，体现了分权制约理论和行政体制改革的重要方向。在广义上，职权分离以行政事务性质或管理领域不同为基础，称为完全的职权分离或者职权分立，主要体现为政府部门的划分，其中也包括行政体制改革所追求的决策、执行、监督相分离，形成相对宏观的行政分权制约体制。在狭义上，行政调查权与决定权、审查权与裁决权、决定权与执行权等相分离，属于不完全的职权分离或者相对职权分离，形成相对微观的分工制约机制。

在行政程序制度上，相对的职权分离是常态，完全的职权分离是例外。行政程序上的常态职权分离是指行政主体同时拥有调查、决定、执行、裁决等职能，但职权的内部配置和行使在不同机构和人员之间分配，如执行调查职能的人员不得参与作出决定、行政执法人员不得从事行政复议工作等。

职权分离制度的主要作用在于，防止过于集中、强势的权力破坏权利与权力的制度平衡，避免行政专横独断、滥权侵权，防止利益冲突，避免关联交易，保证行政决定或裁决的公正性，消除行政相对人和社会公众对行政偏私的疑虑，增强行政公信力。

（二）行政回避

行政回避制度是行政程序基本制度之一，是指行政主体在行使职权过程中因存在法律禁止的身份关系或其他法定利益冲突情形，为保障程序公正而进行人员替换的制度。回避制度是一项历史悠久的法律制度。一方面，近现代行政法上的回避制度与英国自然正义原则的“任何人都不得在与自己有关的案件中担任法官”密切相关；另一方面，回避制度是我国的一项古老的法律制度，我国历史上的回避制度就包括任职回避、地区回避、公务回避等。行政程序上的回避制度主要是指公务回避制度。其基本内涵是行政人员自己不得参与与自己有关的案件或者事项的处理，只要存在法定的身份关系和其他利益冲突情形，行政人员就应当请求回避，行政相对人也可以申请行政人员回避，行政主体应当根据请求或申请对相关人员进行替换。

行政回避制度的主要作用在于，切割行政程序上的利害关系，避免利益冲突，预防行政腐败，防止行政偏见，维护行政法律程序的公正性，保障行政行为的实体公正性，维护和提升行政公信力。

（三）行政公开

行政公开制度是行政程序基本制度之一，是指行政主体根据职权或者应行政相对人的请求，向行政相对人或者社会公众公开行政过程和政府信息，以确保他们的知情权、对行政过程的参与和对行政权的监督。现代行政贯彻公开原则，要求行政过程公开和政府信息公开。行政过程公开是指通过公开行政方式、步骤、期限、顺序等形成开放的行为过程，以防止暗箱操作，为行政相对人参与行政过程、主张程序性权利提供时空条件保障，是行政公开制度的骨架和经脉。政府信息公开则是将与行政行为有关的信息公之于众，保障知情权以促进有效地参与和监督，是行政公开制度的细胞和血液，在行政法治中具有特别重要的地位和作用。本章将专节概述政府信息公开制度。

行政过程公开既包括行政处罚、许可、强制、征收等行政执法行为过程的公开，也包括制定行政法规、行政规章和其他规范性文件及重大行政决策等行政立法和决策过程的公开，还包括行政裁决、仲裁、调解及行政复议等行政司法过程的公开。行政过程公开包括面向行政相对人的过程公开和面向社会公众的过程公开。前者主要强调保障行政相对人对行政执法行为过程的参与，保障行政相对人的法律地位和陈述、申辩、质证等程序性权利；后者主要强调社会公众对行政立法、决策等行为过程的参与和监督，如重大行政决策过程的公开，是为了保障社会公众参与决策过程。

行政公开制度的主要作用在于，保障行政相对人和社会公众的知情权，为参与行政和监督行政提供制度保障；消除行政信息不对称，维护行政程序的公正和行政行为的实体公正；提高行政过程的透明度，避免行政暗箱操作、权钱交易和其他利益冲突，防止长官意志、权力专断和行政腐败。

（四）禁止单方接触

禁止单方接触制度是行政程序基本制度之一，是指行政主体在行政行为过程中不得违反程序规定私下接触行政相对人、利害关系人和其他行政程序参加人，听取单方面的陈述、接受证据，其中包括禁止行政听证主持人与行政调查人员、行政复议人员与被复议行政主体相关人员的私下接触、交换意见等。禁止单方接触制度是行政程序公正原则的基本要求。行政主体违反禁止单方接触的规定，能够引起一定的法律后果。比如，适用证据排除规则，

禁止采信单方接触接受的证据。

一般来说，行政主体、行政相对人、行政行为利害关系人以及代理人、鉴定人等，都属于行政程序主体或者行政程序参加人，其在行政程序之外的任何接触，事实上都脱离了行政行为过程，将直接影响到行政行为的公正性。对于行政主体来讲，在行政程序外接触当事人，轻者属于失职行为，重者构成行政程序违法，甚至可以归于行政腐败范畴。私下接触、单方接触通常均属于程序外接触，在当事人为复数的情形下，需要特别强调行政主体不得私下或者单方接触任何当事人和其他程序参加人，尤其是在行政听证或行政裁决、仲裁、调解以及行政复议等行政司法活动中，更要强调禁止单方接触。在行政听证程序中，禁止单方接触制度可以视为职能分离制度的延伸，它要求听证结论所依据的事实完全来自争议各方都在场的听证，禁止在听证之外、其他当事人不在场情形下的“单方接触”。

禁止单方接触制度的主要作用在于，强化行政程序的权威性和行政过程的严谨性，增强行政行为的规范性，防止行政主体偏听偏信、先入为主，损害行政行为的公正性，降低私下交易的可能性，防止滥用权力和行政腐败。

（五）行政听证

行政听证制度是行政程序基本制度之一，是指行政主体在制定行政规范和作出行政处理过程中，与行政相对人以及其他行政程序参加人就拟制行政规范的内容、制定依据等或者拟定行政决定的内容、事实证据、法律依据等进行说明、申明意见、辩论、聆听等活动的制度。行政听证制度包括行政规范制定听证制度、行政决策听证制度、行政处理听证制度、行政争议听证制度等。听证制度源自英美普通法中的自然公正原则，其原理是任何组织和个人在行使权力可能使他人受到不利影响时，必须听取对方意见，每个人都有为自己辩解和防卫的权利。行政听证制度是从司法听证制度中引入的，是行政程序制度中司法性最强的制度之一。

听证程序不是所有行政行为的必经程序，具有重要影响的行政行为才适用行政听证程序。比如，不是所有的行政决策都要适用行政听证程序，只有重大行政决策才可能适用行政听证程序；不是所有的行政处罚行为都要适用行政听证程序，只有在拟作出责令停产停业、吊销许可证或执照、较大数额罚款等处罚决定时才可能启动行政听证程序。这在一定意义上说明了行政听证制度的重要性。

行政听证制度的主要作用在于，为行政相对人和社会公众更加制度化和程式化地参与行政提供制度和机制保障，增强行政参与的有效性；保证行政规范和行政决定充分考虑社会公众和行政相对人的意见，增强行政决策、决定的正当性；有利于发现案件事实，剔除行政偏见，保证行政行为的公正性；增加对话和沟通，增强行政行为可接受程度，减少和防止行政争议、纠纷和冲突。

（六）证据排除

证据排除制度是行政程序基本制度之一，是指行政主体在调查、听证等程序中对相关事实证明材料进行审查、认定，排除具有法定特征或情形的证据材料在行政程序中的证明作用的制度。证据排除制度是行政证据制度的重要内容，是基于保障行政相对人权利、规范行政权力行使、维护程序正义等考虑而必须遵守的制度规则。证据必须经过审查、认定才能确定其对相关事实的证明作用，证据审查、认定应当侧重于审查证据的来源、证据的内容和形式、证据取得的方法等，并遵循证据排除规则。

证据排除制度的主要作用在于，保证行政行为建立在“事实清楚、证据确凿”的前提下，为行政行为说明理由制度奠定基础，增强行政行为的说服力，减少和消除行政争议，提高行政权威和行政效率。

（七）说明理由

说明理由制度是行政程序基本制度之一，是指行政主体作出涉及行政相对人权益的行政行为时必须说明事实根据、法律依据以及行政机关裁量的理由等。行政行为说明理由体现了行政行为的审慎性和说理性，防止和避免行政行为的草率、粗糙，反映了行政行为“以事实为根据，以法律为准绳”的基本要求。行政行为说明理由制度是行政程序公开、公正原则的重要体现和保障。行政主体作出行政决定，应当说明理由；行政主体做出对行政相对人权益产生不利影响的行政行为，必须说明理由。

行政机关对相对人采取措施时的说明理由义务，是法治国家行政程序最主要的制度。说明理由制度的主要作用在于，将行政行为的效力和行政权威建立在行政相对人接受的基础上，增强行政行为的说理性和说服力，获得行政相对人的信服和信赖，减少和避免行政争议，也便于化解矛盾，全面提高行政效率。

（八）案卷排他

案卷排他制度是行政程序基本制度之一，是指行政主体根据案卷记载的证据和事实作出行政决定或裁决，案卷之外的证据材料不能作为行政决定或裁决的依据。案卷是行政主体作出行政行为过程中的记录，包括证言的记录、证物、申请书和其他文书等。案卷制度包括现场笔录制度、言词审理记录制度、案卷排他制度、案卷正副卷制度、案卷存档制度等。案卷排他制度体现了案卷的效力，是案卷制度的核心内容。

案卷排他制度的主要作用在于，防止行政主观随意性，通过"用事实说话"保证行政决定的说理性和说服力；强化行政程序的严谨性和有效性，促进严格规范执法；通过证据更接近于事实真相，更准确地实现事实与法律的结合，以达到实体正义。

第四章　个人信息的行政法保护机制

第一节　大数据时代个人信息的变化

一、大数据时代个人信息的数据化表现

（一）个人信息的数据化现状

随着信息技术的发展，网络信息社会引领下的“互联网 +”、大数据、云计算，已经成为人们的生产生活方式。在互联网语境下，二进制代码作为通用语言，实现了计算机语言与人类语言的交融。而在“互联网 +”发展视域下，大数据、云计算展现了社会互联互通的本质，而个人信息数据作为其中的重要组成部分，也是最基础的数据单元，共同引领了我国新时代网络信息社会的发展前景。“信息时代，个人信息除具有其基本的人格属性外，还蕴含着巨大的经济价值。”①

个人信息数据在日常生活中可以被相对轻松地收集、储存、整合，通过互联网以数字化形式的个人信息可以方便快捷地传播。特别是在个人信息汇聚成为现代大数据后，借助数字经济发展模式，个人信息数据具有了较高的市场经济属性。一些企业不仅可以按照自己的模式获取个人信息形成个人信息数据，还可以基于其他数据库或其他网络获取个人信息数据。这样一来，个人信息数据市场不断出现新的分工，上游出现个人信息大数据整合挖掘的专业机构，下游形成以个人信息数据交易为对象的产业链条。在这种客观情况下，个人信息数据形成一种公开、潜规则的产业，个人信息就这样被广泛用于各个领域，银行、商场、网络销售平台、手机 App、商家等陆续采取收集个人信息行为。

由于市场主体和非市场主体都在收集、处理和整合个人信息，个人行为

① 戚莹．大数据时代行政法对个人信息的保护 [J]．盐城工学院学报（社会科学版），2021，34（5）：23.

几乎都被转化为各种参数，个人信息在商业化中全面被利用。除此之外，占有大量个人信息的企业也纷纷建立以数据挖掘与交易为对象的平台，如京东万象、百度智能云市场、数据宝等交易平台。这些数据中心或交易平台通过收集、处理着数以亿计的消费者、生活数据，通过凝练、整合或云计算方法为企业战略选择、定向营销提供依据。个人信息通过网络数字化方式传播和处理，其利用的程度前所未有。

总体来说，在当前社会发展态势下，大数据时代的信息变革使个人信息特征发生了巨大变化，除正常的个人信息交流外，个人信息的数据也经常应用到社会的各个方面。

（二）个人信息与个人信息数据

由于信息和数据概念存在差别，个人信息与个人信息数据也存在着重叠与差异。个人信息具有广泛的内涵和外延，包括与个人身份相关的所有数据与资料，个人信息不仅包括传统纸质化资料，也包括一些存入计算机介质中的某些数据。个人信息数据主要是指将个人的有关信息资料存入计算机，能够进行检索、利用、处理等行为的电脑语言。由此可见，个人信息数据在个人信息的范畴之内。例如，在学生档案中，已经进行电子化处理的档案信息，可以称之为个人信息数据，而那些只是纸质记录的个人信息，一般不叫个人信息数据。

由于在主观认识上的差异性，加之思想动机与内外部环境的不同，从而造成了个体对于信息的获取、感知也有较大的差别。因此，对于个人信息数据来说，其主要是来自第一手的资料，是相对客观的，而个人信息则表现为一定的不确定性，以及后续的再加工特质。从这个意义上来说，个人信息数据类似于唯物主义意义上的“物”，而个人信息则类似于民事法律关系意义上的“财产”属性。

个人信息和个人信息数据的法律名称有所差异，总的来说有三大类：第一类是个人信息数据，主要存在于欧盟及其成员国法律体系中；第二类是个人隐私，主要存在于美国制度中；第三类是个人信息，主要存在于东亚、俄罗斯的法律制度中。

另外，当前世界各国在个人信息数据立法实践中，主要针对个人信息数据处理过程进行规制，这与民法意义上的个人隐私保护存在一定的差异。例如，在利用诽谤手段进行隐私侵害时，如果当事人没有采取个人信息数据的形式，而只是利用言语攻击，这时自然就不能纳入个人信息数据保护的法律范畴。

相较而言，个人信息的范畴更为广泛，只要是能够反映个人态度或见解的信息，就属于个人信息。个人信息数据，则是针对个人信息的数据化呈现状态。目前，世界大部分国家在进行立法时，均只将个人信息数据归结为个人信息部分，也就只将这部分纳入个人信息保护的法律制度安排中。这从侧面说明了个人信息数据与个人信息在法律制度上的差异，因而概念界定时需要将个人信息与个人信息数据区别开来。

二、大数据时代个人信息的数据化过程

在个人信息数据收集、储存、整合等流程中，不仅包括有相对复杂的个人信息数据处理行为，而且涉及诸多数据拥有、控制、接收主体，而在这些主体和过程流转中，一旦没有进行有效的控制，就可能会存在个人信息数据被泄漏或侵权的风险。

（一）个人信息数据的产生

个人信息数据的产生实际上就是个人信息的生产、衍生及其整合的过程，主要由身份个体数据与行为数据构成。身份个体数据是个人的自然状态的外在表现，类似于个人的名片，主要是对个人外在形象的客观记录，其中包括姓名、性别、肖像等直接标表型数据和性格、爱好等间接个体性数据；行为数据主要由个人行为的记录性与个人网络实名制两个因素综合分析构成。

相对个人的表型数据而言，行为数据的产生需考虑以下两个基本要素：

第一，个人行为具有可记录性。所谓个人的行为数据，主要是指个人在日常生活、工作等行为中产生的一系列记录数据，包括手机品牌型号、手机软件使用情况等。个人的一些行为数据产生后，数据拥有者、接收者、处理者等不同主体之间就具有了彼此相关联的数据关系。一般来说，数据主体将个人信息数据转移给接收者或处理者后，后续关于个人信息数据的法律问题，在当前社会生活中屡屡被提及，稍微处理不当，就可能会产生数据隐私侵权问题。而如何进行相应的法律规范，则需要我国在个人信息数据立法方面，给予明确、具体、科学的制度设计并执行。

第二，关于网络实名制的相关问题。在个人行为数据视域下，网络实名制作为当前我国加强网络治理的重要内容，通过强化网络实名，可将个人与在网络上发布的个人信息数据进行有机关联，由此也形成了网络上个人发表的数据成为其个人信息数据。从司法领域来看，尽管我国实行的是网络实名制，但也在法律框架下赋予了一定的网络匿名发言的自由和权利。

（二）个人信息数据收集

1. 个人数据收集行为的类型

在个人信息数据的实际运行中，其产生和收集过程交织在一起。个人信息数据收集是通过对个人信息数据进行归档、存储，为个人信息大数据化提供基础。一般而言，个人信息数据通过网络信息设备进行收集，其中带有收集者主观意愿，目的就在于后续数据能得到应用，如对户籍信息、学生电子档案等个人数据信息的收集。在个人信息数据收集时，是否将信息收集内容和范围、收集目的和后续应用等情况告知被收集信息个体，将可能导致个人信息数据拥有者与使用者产生纠纷，成为个人信息数据收集和应用合法与否的基础。如果在收集个人信息前，通过积极履行告知义务，并且得到个人信息主体的同意，那么在后续约定的范围内使用个人信息数据就会得到一定程度的认可，否则就可能会对个人信息数据主体权利造成侵害。

个人数据登记形式存在较多的外在表现形式，在公益领域与私益领域的应用属性不同，在收集方式方面也存在一定的差异，由此引起的法律问题也有所不同。在公益领域，个人信息数据收集的渠道主要包括登记、许可、调查、统计、听取意见等形式，而私益领域的意思自治意味着个人信息的收集和应用必须得到当事人的充分认可。例如，身份证件是当前社会公众的基本信息形式，根据我国法律授权，公安机关负责对居民信息进行采集，包括个人的基本信息、指纹等；民政部门负责对个人结婚或离婚信息进行采集；社保部门负责对个人就业、失业和社会保障信息进行采集；税务部门负责对个人的纳税信息进行采集等。总体来说，在个人信息登记时，不同政府部门在信息共享的同时，也主要对各自负责的个人信息领域进行收集、更新和后续的依法应用。

在个人信息数据许可方面，根据我国现行法律规定，行政许可的相关事项，应向政府部门进行申请获得。例如，目前数字经济下的社会公众市场经营行为，必须得到一些与营业、卫生、安全、进出口、特殊商品等行政许可，为此，相关申请者应按照政府相关行政要求，提供相应信息，包括经营信息、市场交易信息等。这些信息资料在政府部门审批工作中直接应用，并且这些直接关系到最终的行政许可结果。当然，这些行政许可收集的信息资料，政府有关部门不可用于与行政许可无关的领域，否则可能会存在一定的信息侵权行为。

在相关社会调查（普查）时，也需要对个人信息进行依法采集。目前我国已经进行了七次全国性的人口普查工作，这种关乎国计民生的人口统计大事，自然需要所有社会个体参与和配合，这在国家法律规定中也有专门的要求。除此之外，在司法工作中，司法机关基于案件需要，也可对相关个人或组织的信息资料进行调查、收集并认定、应用。在一些行政事务管理方面，如物价管理、社会统计、社会保障等，国家有关政府部门也会依法进行专业的个人或社会信息资料调查。

在听取社会公众意见方面，我国也赋予了人大、政协、政府和司法等部门，通过听证、座谈等形式，认真听取社会公众的意见，并将其纳入相关部门的决策体系中。

在当前数字经济下的商业活动中，企业组织基于相关经营活动的需要，也经常收集个人信息数据，这种现象日益普遍。例如，在银行信贷中，为了得到相应的银行授信和个人保证，商业银行一般会对个人与信贷相关的信息进行收集，并且力求在客观信息基础上形成的信贷决策更为准确和科学。在电子商务的网购活动时，网络商家也需要对个人或组织相关购买、快递信息进行收集。当然在此过程中，商业活动中的个人信息收集必须合理、合法，作为民事活动的重要规则，个人信息数据被应用于商业活动时，必须得到当事人的充分认可，并且商家不得用于非约定的其他经济领域。

2. 个人信息数据收集行为的特征

就数据收集的特征而言，在个人信息数据收集时，受到诸多主体的诉求，以及社会、法律、政策等因素的影响，为了更好地保障个人信息数据收集和应用的合法性，要求个人信息数据本身要具有完整性、准确性和及时性。同时应看到，由于个人信息数据在收集过程中存在一定的局限性，从而使得个人信息数据的收集也具有一些相对鲜明的特征：

（1）个人信息数据存在一定的不准确性。尽管从根本需要上来说，个人信息数据需要更加精准，但在实践中有时却很难达到。例如，在我国身份信息中，由于种种原因，存在一些个人身份信息被盗用或冒用的情况，而这对被盗用身份信息的个人来说，其被记录的个人信息存在不准确性，进而会对其一些合法权利造成影响或侵害。

（2）个人信息数据收集过度的现象仍然存在。在我国公权领域中，尽管法律赋予了政府有关部门可以收集个人信息数据的权利，但由于法律规定不具体，对于政府收集个人信息数据的范围、内容、方式，以及后续的应用、

管理等，没有进行明确的法律规范，这就在某种程度上为政府有关部门过度收集个人信息数据打开了方便之门，也为个人信息数据权利被侵害埋下了一些隐患。

（3）个人信息数据收集时存在一定的隐蔽性。这主要体现在一些个人信息被盗取的情形中，特别是在当前我国网络信息技术广泛应用的背景下，这种通过秘密手段来盗取他人信息的现象日益普遍。这种通过秘密手段获取的个人信息，有很多在未经当事人的同意下，被应用于商业，甚至一些非法用途，这样对个人信息数据主体的隐私权利造成了伤害。

（三）个人信息数据处理

个人信息数据处理的概念相对广泛，但从法律规范而言，个人信息数据处理一般指对已有的个人信息数据进行后续加工等行为。主要表现为，对个人信息数据进行存储、编辑、变更、检索、删除、封锁等。一般来说，个人信息数据存储主要借助一定的存储介质，对相关二进制数据进行保留，为进一步数据开发应用打下基础。对他人的个人信息数据存储行为，可能会引发后续的数据应用侵权问题。个人信息数据暂存主要突出的是临时性的存储。个人信息数据编辑主要是指修改个人信息数据的格式、版式，并按照使用者的需求进行重新编配。个人信息数据变更主要是对个人信息内容进行改变，包括一些用于非法目的个人信息数据的篡改、变造。个人信息数据检索主要是借助大数据等搜索功能，找出其中的个人信息数据。个人信息数据删除涉及全部或部分删除。个人信息数据封锁主要是从个人信息数据安全角度出发，对个人信息数据进行加密、屏蔽等。

个人信息数据在处理时，个人信息数据主体已经基本失去了对于数据信息的控制权。特别是在大数据、云计算等信息技术背景下，个人信息数据处理过程具有隐蔽性、复杂性、内部性、永久性等特点。个人信息数据处理的隐蔽性主要是指处理的部分或全过程一般不公开，并且处理过程较为复杂，特别是一些技术成分较高的个人信息数据处理，只能要求专业技术人员进行，如个人信息的数据加工、删除、整合、比对、分析等。与此同时，个人信息数据处理的内部性主要是指处理流程一般集中在系统内部进行，而个人信息数据处理的永久性主要是指个人信息数据存储时间长久，并且储存成本低廉，这样也有利于个人信息数据永久保存。

第二节　个人信息行政法保护及其必要性

一、个人信息行政法保护的特征与原则

（一）个人信息行政法保护的特征

“公民的个人信息是有价值的资源，个人信息安全十分重要。”①个人信息的行政法保护主要有三个方面内涵：首先，制定与个人信息保护相关的法律法规，其中不仅应当包括市场主体作为信息处理者时应当承担的责任和义务，也应当包括行政机关作为信息处理者时应当对自身所采取的规制条款、监督规定、惩处标准等内容，以此来规范二者作为信息处理者时获取、存储和利用公民个人信息的行为。其次，根据国情构建适合个人信息保护的行政监管系统。例如，当下采取的是国家网信部门统筹与有关部门协同管理的方法对个人信息保护领域内的行政主体、市场主体以及其他信息控制者进行相应的监管，基于未来个人信息内涵的转变，也未必不会设立专门的个人信息行政监管机构，对个人信息的相关事项进行全面接管。最后，行政法对个人信息的保护不仅局限于打击违法损害公民个人信息的行为，也为个人信息权益受到损害的公民提供不同于民法和刑法的救济途径。例如，可以制定条例，规定当公民个人信息遭到行政机关的侵害时，公民可以向有关部门举报和申诉，也可以申请行政复议，在特定情形下也可以选择公益诉讼的途径维护自己的合法权益。

个人信息行政法保护的特征如下：

第一，政府的行政管理职能在个人信息保护的问题上得到了充分发挥。政府在行政管理过程中，不仅要保护公民个人正当的信息权益，还要保证行政执法活动的顺利有效推进，加大管控力度是常用的一种手段。目前，国家倡导政府转变职能，重视服务型政府的建设，服务型政府的理念不仅要求政府采取贴心于民、便利于民的方式保护公民个人信息，还要求政府的各项举措要公开透明、高效权威，来加强个人信息的安全保护。

①朱麒达．论个人信息的行政法保护现状、问题及完善建议［J］．黑龙江工程学院学报，2021，35（2）：55.

第二，大数据时代，只依靠民法和刑法的方式并不足以对个人信息开展全方位的保护措施。关于个人信息的行政法保护方式，侧重点之一就是行政监管，且这里的行政监管是处于独立地位的行政监管，不是在二元式保护模式中只起到辅助作用的行政监管。通过全程监管的方式，行政主体可以在市场主体刚刚开始进行违法违规处理公民个人信息的行为时，及时发现并对其进行规制，这种壮士断腕的方式能够最有效地避免个人信息权利的受损。

第三，个人信息的行政法保护方式逐渐开始重视数据信息技术应用的保护。近年来，公民个人信息被泄漏的方式花样百出，虽然泄漏原因出人意料，但是大多数情况下都离不开抱有不良目的利用互联网实施犯罪的身影，尤其是政府作为国民个人数据的信息处理者，系统内部建立的政府巨型数据库也遭遇到许多的技术方面的恶意攻击。为了应对这一攻击，不论是在行政执法的过程中，还是后续对个人信息的存储、使用和分析工作，都逐渐加大了技术应用的保护，因此，目前我国个人信息的行政法保护也展现出了数据技术化的特征。

（二）个人信息行政法保护的原则

个人信息的处理活动应当遵循合法、正当、必要与诚信原则，目的限制原则和公开透明原则等基本原则。《中华人民共和国个人信息保护法》（以下简称个人信息保护法）中规定的原则也蕴含在行政法的基本原则之内，因此对个人信息进行行政法保护时也要遵循以下基本原则。

1. 合法、正当、必要与诚信原则

合法、正当原则传达的第一内涵就是要求信息处理者采取合法的方式推进个人信息的处理活动，不得违反法律和行政法规的规定。合法、正当原则强调，任何行政主体都应在法律框架内行使管理职权，如此便要求行政机关及其工作人员不仅要遵守实体法的规定，也要遵循相关程序法的规定，不得有超越法律法规界限的行为，否则就要对自己的行为承担相应的后果。

必要原则是行政法的基本原则中比例原则在个人信息保护法中的体现，比例原则对公权力机关的行政行为至少提出了三个要求，分别是适当性、必要性和均衡性，而其中必要性的含义是指处理个人信息的活动时为了满足个人需要，应当选择对他人利益损害最小的行为。在具体的行政法规制领域内，对于个人信息的行政法保护问题，比例原则可以在引导法律调适各主体间不平等关系的基础上，调节信息主体与信息处理者之间的虽然有平等法律关系，但是没有平等地位的关系。

诚信原则在个人信息的行政法保护中所体现的含义是信息处理者要秉持诚实的态度，对承诺的事情说到做到，不得通过隐瞒、欺骗或者误导等方式处理公民个人信息从而使得公民的个人信息权益受到损害，同样，信息主体作为当事人也应该做到真实真诚，讲求信用，不可以为了逃避追责从而欺骗执法人员。

2. 目的限制原则

目的限制原则不仅是行政法的基本原则之一，也是个人信息保护法中规定的一项基本原则，从始至终都可以在个人信息的处理活动中看到它的身影。从个人信息保护法对目的限制原则的规定内容来看，主要包括了三个层次的内容：一是目的特定，即处理个人信息应当具有明确、合理的目的；二是直接相关，即处理个人信息的活动必须与处理目的直接相关；三是采取对个人权益影响最小的方式。

目的限制原则的具体实践要求国家机关在做出行政行为时应当充分考虑社会公德，对个人信息的收集、存储和使用的目的要特定、明确、合理。对于政府而言，处理个人信息的目的应当是出于维护公共利益的目的，当然在特定条件下，也可以从维护市场主体，或者私人主体的合法权益为出发点，对个人信息作一些技术上的掩盖等必要处理。

对于一些大型互联网经济企业而言，必须在遵守足够明确程序的前提下，秉持合法合理的明确目的收集个人信息，在进行一系列处理个人信息的活动时，其行为须具有正当性，不得超出正当目的，不得违反法律规定，擅自侵犯公民的个人信息。目的限制原则有利于更好地保护个人信息权益，不仅在一定程度上可以弥补因大数据冲击而导致的“告知 + 知情 + 同意”规则适用的失效的不足，还能够有效平衡个人信息保护与数字经济发展之间的关系。

除此之外，在个人信息处理活动中，该原则可应用于必要性审查方面，如通过对社会生活的观察，总结大数据时代个人信息使用的行为特征，信息处理者根据具体情况，针对不同对象采取差异化的规制措施，降低个人信息处理活动中的各种风险，找到最合适的解决方案。

3. 公开透明原则

公开透明原则作为行政机关对公民个人信息进行管理活动时需要遵守的原则之一，也是建设服务型政府和法治政府所要求的基本原则之一，其核心强调对信息主体的知情权和决定权的保障，具体体现在政府在收集公民个人

信息时，不仅需要向群众公布行政行为的合理理由，还需要以公开透明的方式展示给群众看，接受人民群众的监督和舆论监督，表明为人民服务的态度。

公开透明原则体现在两个方面：一方面，对个人而言，就此享有了知情权，可以依据法律法规和地方政府条例等规定向有关部门申请对个人信息进行查阅；另一方面，基于公开透明原则，信息处理者在处理个人信息时不仅会履行本有的义务，还会做到以更加谨慎的态度对待信息主体，尽量避免触犯原则性错误。例如，工作人员在执法过程中可以首先向个人询问是否知道相关法律规定的事项，如果不知道的话，就尽量采用当地最通俗易懂的言语与信息主体进行交流，在交流过程中要多次确认信息主体对已告知的事项充分清楚、知情，而非一问三不知，又或是似懂非懂。

二、大数据时代个人信息行政法保护的必要性

（一）行政规制在个人信息保护中具有比较优势

第一，对个人信息的安全保护进行有效的行政规制是行政机关的责任和义务。行政机关被法律赋予对社会开展行政管理的责任，其中也包括享有对个人信息处理活动进行安全保护和行政规制的权力，如此，行政机关在执行工作任务时就应当遵循法律规定，做出的保护个人信息的行政行为应当是合法有效的，而不是对信息主体合法权益的又一次损害。大数据时代，个人信息的权利保障需要国家公权力的积极保护，刑法的保护施以雷霆之力，民法的保护施以和风细雨，行政法的保护施以锐意进取，与其他各部门法之间的相互配合，齐心合力，通过提供有效的制度供给，帮助公民对抗大规模的、数据化的信息侵犯和人格尊严减损的风险。

第二，行政法的保护具有对收集、存储和使用公民个人信息的企业进行全程监管的特点。个人信息权益受损的侵害风险来源之一就是部分企业等商业性组织，其内部的规模化个人信息处理活动，如一些互联网大型企业会在用户下载注册软件时获取公民的姓名、电话号码、网上定位以及面部照片等个人信息，如果不能在这一过程中做好个人信息的储存和保护工作，很有可能会导致部分用户的个人信息权益受到不同程度的损害。这种情况下，个体无法单独抵抗这种侵害，因此需要国家公权力机关去帮助对抗和监管一些企业的个人信息处理活动，对其纳入监管范围，对违法违规行为作出相应的处罚。

第三，在一定程度上可以对行政机关作为信息处理者时所做出的行政行为进行有效规制，尽量避免行政行为对信息主体的合法权益造成损害。大数

据时代的到来不仅让企业和个人感受到了信息资源的有效分析会带来极大的便利，政府也是如此。大数据技术在国家的号召下被广泛地应用到国家的现代化治理中，对此，行政机关利用大数据技术处理公民个人信息的过程中也会产生很多安全隐患。例如，一些行政机关为了提高行政效率，可能会不遵守规范或者程序规定，超越职权去搜集、使用公民的个人信息，在这个过程中可能还会因为操作失误，在未经公民同意的前提下，将公民的个人信息公布在网络上，引起非常严重的舆论影响，给公民的生活带来不便。又如，政府为了更好地对公民信息和企业进行管理，会建立起不同类型的数据库，这些数据库整合起来就变成了一个巨大的政府数据库。这个数据库非常详细地记录了各种各样的个人信息，如果没有约束和限制地随意共享数据库，那么会容易导致数据库的泄漏，从而产生难以弥补的后果。

第四，个人信息的行政法保护需要它与个人信息的民法和刑法保护建立一个相过渡、相衔接的桥梁或通道，形成对公民个人信息的联动保护。在个人信息保护的领域内，刑法的保护起点较高、量刑很重，而民法保护具有一定的延时性，比较侧重于事后的追究和赔偿，这样就非常容易导致公民个人信息权利受损的相关案件得不到有效及时的处理，同时有可能导致公民感受到个人信息保护的维权很困难，从而影响到法律在公民心中的公信力。相对来说，行政法对个人信息保护的一大比较优势就在于行政保护的方式对公民来说更方便，因为其保护范围涉及生活的方方面面，从事前、事中到事后，虽然内容不同但很多都是有效的保护措施，而这恰恰就是个人信息保护领域中民法保护与刑法保护的短板。

（二）依法行政和提高政府公信力的需要

随着个人信息呈现出公共属性，传统的私法保护面对行政机关的保护，依然展现出已经尽力但是力度不足的现象，因此，在大数据时代，个人信息的保护需要行政法的充分介入。行政机关作为依法行政的主体，在执法过程中需要一个完善的行政法保护体制，才能让行政机关对个人信息的收集、储存和使用过程在合法框架内顺利进行。

首先，在中国特色社会主义构建的法治视域下，行政机关本身所代表的角色就是特殊的。置于个人信息保护的领域内，行政机关更是身兼两职，不仅是公民在进行个人信息活动时的守护者，也是信息处理活动中收集、存储、使用公民个人信息的信息处理者，相对于一些具有代表性领头作用的市场主

体而言，政府带给公民的信赖和认可是他们所不能企望的。因此，作为广大人民群众心中维护自身利益和保护自己个人信息安全的守护者，行政机关更应当以身作则，从自身出发，尽可能地保证本身的执法工作是遵守法定程序实施的行政行为，维护好法律的权威和公民的合法权益，坚持依法行政，才能在日常生活中更好地开展执法活动。

其次，大数据时代，行政机关的职能不再局限于传统的执行法律管理行政事务，同时承担着大量公众事务管理和社会服务。政府信息化建设，经历了从单纯满足政府部门内部管理需要的办公自动化系统建设向让政府站在阳光下和提供便利民众服务的电子政务系统建设的转变。这一功能的转变也对应了信息技术快速发展所带来的变化，政府需要转变职能，建设服务型政府，促进数据资源共享。政府通过各种合法渠道与方式获取大量的公民个人信息，能够让其更加清晰地了解群众的生活需求和生活状况，以便于政府做出科学合理的决策，以群众幸福生活满意度为指标，提高行政效率，为造福人民群众和保护公民的合法权益，提高政府在民众心里的公信力。

最后，有利于控制行政权的扩张。行政机关拥有法律赋予的公权力，在个人信息处理活动中能够快速收集公民个人信息，对此，公民作为信息主体，在绝大多数情况下无法拒绝，也不能拒绝，所以非常有必要对拥有公权力的行政机关进行有效规制，控制其行政权的无限扩张。行政机关重视大数据技术的应用，同时重视对本身行政权的规制和监督，才能在这样一个具有挑战的个人信息保护的过程中规制自我、监督自我，一定程度上有利于避免行政机关的部分执法工作人员知法犯法，有利于推动行政主体依法行政，维护公民的合法权益。

第三节　个人信息保护的行政法律关系

一、个人信息保护的行政监管

作为个人信息行政法保护手段，行政监管在虚拟化、快速化的网络环境中，有着无可取代的功能。行政监管，指的是国家公权力机关按照相关的法律法规，对市场经济活动展开的规范和管理行为。关于个人信息的行政监管有三项重点：①个人信息行政监管的对象是每个公民作为信息拥有者时能够进行交易的个人信息，是一种可以被直接或间接证实的、具有客观性和真实性的信息资料；②行政机关应依法独立行使自己的权力，不受任何人或任何组织的干涉，并以公共权力加以制约和平衡；③其目的在于对个人信息进行保护，并对其行使进行调整与控制。通过合法的监管手段（行政处罚、行政强制等）来打击危害公民个人信息安全的行为，所以在网络环境下个人信息行政监管的必然性特别突出。

（一）个人信息中公民自身防护与行政监管

一方面，在实际生活中，虽然作为一个自然人，信息主体对于自己所掌握的信息具有完全的控制能力，但鲜有人对其所拥有的信息予以关注。实际上，大多数使用者都没有认真读完，这种泄漏完全是公民自发的行为。另一方面，即使使用者读完，公民也不能提出异议，用户若要启动该软件，则需遵守服务提供者所提出的相关条款。另外，由于互联网的特性比较复杂，很难判断公司所搜集的信息是否被人利用，这使得在实际生活中，即便是出现了信息泄漏事件，也很难获得有效的证据，难以获得有效的法律救济。

面对多数机构掌握的个人信息，作为信息拥有者的信息提供方完全处于弱势地位，而且，大量的用户，尤其是在互联网上，在使用各种 App 时，会在注册和定制服务等各个环节中被采集个人信息。所以，用户很难判断出到底是哪一个 App 或者哪一个链接泄漏了自己的隐私。在个人信息公民自身保护无法避免的局限性面前，行政监管的存在在个人信息保护中的重要性也由此凸显了出来。在对公民个人信息进行保护时，由于其主体众多，管理混乱等特点，行政监管起到了不可替代的作用。

（二）个人信息保护中企业保护与行政监管

随着网络技术的不断发展，很多公司都在利用互联网推送对其产品进行广告、促销。在互联网上，用户在获得企业的服务的过程中，有一个不可回避的过程就是注册软件时要提供使用者的个人信息。在此阶段，由于公司在帮助新用户注册的同时，也会获得一定数量的客户信息。尽管相关的法律和法规都要求公司有责任对公民的个人信息进行保护，而且大多数公司都会在预设情况下，采用一些诸如用户信息加密去识别化技术等的防范措施。然而，一个公司的目的却是追求利益的最大化，所以它的性质是“逐利性”的。个人信息是一种新型资产，是企业赖以进行精准营销的一种方式，因此，对公民的个人信息的保护与其企业逐利本质存在冲突。所以在加强企业的产业自

律的同时，我们也不能抱有过大的希望。因此，行政机关有必要采取严厉的行政监管手段，如行政处罚，行政许可等来强制保证公司执行对公民个人信息的保护。

在对个人信息进行保护的过程中，既要有公民自我保护，也要有企业保护。但仅凭上述措施，目前尚不足以全面落实对个人信息的保护。同时，要求政府在保护个人信息时，能够起到及时发现漏洞和弥补漏洞的作用。

二、个人信息保护的行政主体

个人信息保护法在我国的颁布实施，完善了国家对个人信息保护的立法框架。立法前期关于“公法路径”或“私法路径”之争，已被“公私协力，协作共治”的立法模式认可。在个人信息保护方面，国家“监管者”的作用非常显著，而个人信息保护法又具有“领域立法”的特征，使得个人信息保护法中政府的主体身份，与传统的规制立法相比，具有明显的差异，且存在法律适用上的独特性。有必要理顺政府的监管主体地位，特别是个人信息保护法中各行政主体所涉及的各种管制之间的法律关系，以更好地应对未来的法律适用与争议纠纷解决。

我国的个人信息保护监管体制由于涉及公民生活的方方面面，所以较为错综复杂，涉及网信、市场、工商、公安、教育、医疗、卫生、金融等多个行政主管部门，在实际操作过程中存在权力交叉、执法冲突等问题。

从权利冲突的视角来看，多部门管制将提高被管制方的遵从成本；从负面矛盾的视角来看，由于责任的界限不明确，容易产生推卸责任的现象。个人信息保护法的一个主要目的，就是要对其履行职责的机构进行界定，并在此基础上对其进行相应的制度安排、权力配置等。

当前，在我国特定领域立法中，对个人信息保护监管的职能主体主要有三种方式：①对某一行业主管部门的监管权限进行了明确的规定，如在邮政、电信领域，由邮政部门、电信部门进行监督查处；②将“相关部门负责”的立法模式继续下去，如对违反未成年人个人信息保护规定的行为，由公安、网信、电信、新闻出版、广播电视、文化和旅游等相关部门，根据各自的职责和分工，对其进行处罚；③采取“特殊法优先”的原则。

个人信息保护法的出台，为我国构建了一个多主体的信息监管框架，由国家网络安全主管机关承担起对个人信息的综合、协调与监督的职责；同时，国务院相关部门和县级以上地方人民政府相关部门根据各自的职责，对其进行监督管理。这样一种构建规制功能的立法模型具有一定的现实依据。信息化本身就是一种“管理的变革”，它会在政府系统中引起业务过程的重新设计，并对其进行组织架构的重构。就目前而言，在国家层面上，对个人信息进行“精准监管”仍然是必要的，各业务部门的分工负责，是对现有情况的承认与延续，也是监管的精准性的表现；而且，因为个人信息的形态和领域具有多样性，因此，为了提高监管效率，防止部门间的利益化，可以设立一个比相关的特定职能部门更高的机构，对其进行全面的协调。

三、行政主体处理个人信息行为的公法属性

与电商、网络社交媒体或移动应用软件运营商等私主体不同，政府部门对个人信息的处理行为具有鲜明的公法属性。这两种处理模式之间的主要差别如下：

首先，在对个人信息进行处理的法律依据上有很大差别。政府机关对个人信息进行处理，主要是以法律的授权为依据，是为了履行法定职责或法定义务，而私主体则是以信息主体出于意思自治的同意为基础，对个人信息进行处理。

其次，与信息主体所构成的法律关系在性质上是不同的。政府根据法定职权对个人信息进行处理，属于行使信息行政权的一种行为，具有单方性和职权性的特征，与信息主体构成的是一种不对等的行政法律关系，它具备了实现行政管理目标或保护公众利益的目的正当性，通常情况下不需要信息主体的同意。同样，有时候信息主体也需要与之合作。

最后，从信息处理的行为性质来看，政府机关对个人信息进行处理，属于一种行政活动方式，它可以被看作一种特殊的行政事实行为，一般情况下，它不会直接影响信息主体的实体权利义务，而且这种事实行为从外部基本看不到，特别是在运用大数据分析或算法进行自动化决策时。行政法教义学可通过扩充行政活动和行政事实行为的概念，来容纳和规制行政行为和行政事实行为。

因此，政府在构建告知义务制度时，不能完全照搬私法主体的告知规则，而是需要在公法框架下进行体系化的构建。

正因为个人信息处理规则所具备的公法性质，告知义务的公法性质，并且政府机关处理个人信息的活动具有公法性质，特别是告知义务所具有的宪法价值功能，也就是说，告知义务是作为宪法基本权利的个人信息权能够发

挥防御作用的先决条件，也是一种对政府信息权力进行约束和预防侵权风险的有效程序工具。

（一）履行告知义务的主体

个人信息的实际处理者一般作为告知义务履行的主体。之所以对“实际处理者”有所强调，主要有两个原因：首先，“处理”个人信息以履行告知义务为前提条件。将不涉及信息处理的情形都纳入处理范围，这样做不仅没有必要，而且会增加立法和执法的成本，增加争议。其次，狭义的行政机关是个人信息的实际处理者，实际处理者应当还包含法律法规授权的组织和行政机关委托授权的组织，而不只是个人信息保护法中的“个人信息处理者”。因为行政机构在对个人信息资料进行处理时，并不总是事必躬亲，许多政府数据库都是通过法律规范授权或者经行政机关授权来处理公民个人信息的，所以告知的主体也应该包括被授权或委托的组织等。

此外，还有一点值得注意，政府获取由第三方提供的个人信息或与其他机构进行数据共享的个人信息的告知义务问题。在这两种情况中，政府部门作为个人信息的实际处理者，也必须承担相应的告知义务。

（二）告知的对象

告知的对象，也就是告知内容的接受者，通常是指个人信息的主体。如前所述，政府机关对个人信息的处理，可以被看作一种行政事实行为，这就要求政府机关在处理个人信息时，必须严格遵守行政程序规则，履行告知义务。为了更好地保护未成年人，在处理未成年人的个人信息时，应当告知其监护人，这一点在学界已基本达成了共识。

（三）告知的方式

普通行政程序告知按照告知的方式可分为书面告知和口头告知、特别告知和非特别告知。这种分类方法也适用于政府在个人信息保护方面的告知义务。书面通知和口头通知之间的区别主要是有无书面证明。尽管一些法律法规规定了书面通知，但目前还没有专门针对政府的告知义务提出书面通告的规定。个人信息保护法作出了相应的规定，法律、行政法规规定必须以书面告知为准的采取书面告知，说明在一般情况下，书面告知与口头告知均为合法、可取的方式。但是，考虑到书面告知可以作为行政执法的证据，它的优势相对更明显，一方面可以促使政府切实保障个人的信息权益，另一方面是作为政府免责的书面依据。因此，一般应以书面告知为主。另外，由于电子凭证的普及，电子化书面通知还具有高效、方便、成本低、易保存等优势。

四、行政主体处理个人信息的要件

公民个人信息在国家治理中起着举足轻重的作用，是政府制定政策的依据。公民信息的收集、处理和利用，是行政机关进行行政管理的必要环节。行政主体收集、处理个人信息属于行政事实行为。

（一）有法律依据作为支撑

行政主体收集及使用个人信息是进行行政管理的重要组成部分。从相对抽象的意义上说，每个行政机关的目标都必须是追求公共利益。如果一部关于公共权力的法律不涉及公共利益，它就失去了合法性。在衡量一国行政机构的公共影响力时，必须考虑其与宪法和行政法律的关系。

（二）知情同意原则

知情同意原则在保护个人信息权益方面发挥着重要作用。具体而言，告知是认知行为，这是信息处理者以参与信息活动和管理动态信息的先决条件。同意是一项关键行为，即确定信息的使用方式和授权程度。在信息加工过程中，知情同意原则是一项非常重要的规则，它的目标就是要使信息主体能够对个人信息进行有效的控制，从而使每一个人都有权利对自己的信息进行保护和使用。“知情同意”这一目前被广泛应用于国际和司法领域的做法，若被告知者拒绝，就会造成其在信息加工过程中的“缺席”，增加了其控制自己信息的风险。同意原则也就是一种肯定，作为一种对个人信息的收集和使用作出了规定，在整个个人信息处理的过程中，信息主体有权通过对自身的利弊的权衡，决定是否接受信息处理者的收集和使用。在此基础上，信息主体应当知道自己所搜集的个人信息的范围、用途等，并在此基础上，规定了信息控制人的通知义务。

赋予各个主体对应的权利和责任，可以帮助他们提升信息处理行为的效率，确保他们可以对利弊进行充分的权衡，进而作出有效的同意允诺。尽管在我国，“知情权”的行使并非只有告知这一途径，但这告知无疑是保护公民知情权的最有效途径。所以，知情同意原则是信息自主决策的前提，也是信息自主决策的基础。

（三）保证个人信息的准确性和完整性

个人信息是信息主体的一种表现，其不准确、不完整、不及时，会对其作出的正确、合理的决策产生不利的影响。所以，对于一个人的决策，行政机关所使用的信息必须是正确的、完整的，并且是最新的，以便它在作出决策时，能够合理地确保对那个人是公平的。除此之外，为了保证信息记录的安全性和机密性，行政机构还应该采用适当的技术性保障手段，包括建立有效的信息安全管理机制，采取安全技术措施，实施数据加密技术，加强文件存储管理等，以避免对信息资料的安全性和完整性产生的危害，如恶意篡改，泄漏等。同时，行政机关应当采取必要的物理性保障措施，如建立数据备份机制、数据安全存储技术、数据加密技术等，以确保记录在受到外部干扰时仍然可以保持完整和有效。

第四节　个人信息行政法保护的完善与优化

一、完善个人信息行政法保护的立法

（一）构建个人信息数据分级分类保护体系

如今，由计算机演变过程中产生的各项技术被应用于生活的各个方面，因此，随着数据信息技术与人们生活息息相关，关系越发密切的同时，有越来越多的个人信息被不断收集，涉及的范围、类型和内容也令人眼花缭乱。为了取得个人权益、数据进步和社会发展之间的平衡，与个人信息处理相关的法律法规也应随着时代更新产生相应的变化，其中关于个人信息保护的规制标准与处罚方式，如果继续采用之前宽松管理的方式，非常容易造成对信息主体权利的损害，也不利于数据技术的发展和社会经济的进步。

对此，个人信息保护法中个人信息处理规则的程度划分，不论是从市场主体作为信息处理者对个人信息进行保护的角度来看，还是从行政机关作为执法和监管部门对个人信息进行保护的角度来看，都不足以达到对现有社会发展中个人信息数据化和精细化的管理。所以有必要根据特征和重要程度对个人信息进行分类，然后对不同类别的个人信息划分不同程度的保护级别，加快构建个人信息数据分类分级保护体系，推动实现个人信息数据化精细化管理。

根据个人信息所具有的特点和重要程度，可以将个人信息划分为六个类别，分别是：生物特有信息、敏感隐私信息、直接识别信息、间接识别信息、生活活动信息、匿名信息。①生物特有信息是指每个信息主体所具有的独一无二的生物信息，假若要获取此类生物信息就可以通过这一线索准确地识别是否为信息主体本人，如被人熟知的指纹、DNA 等信息；②敏感隐私信息所代表的是一些反映了信息主体隐私性或者不愿被人所知的信息，如婚姻状况、身体疾病状况等；③直接识别信息是指从该类信息能够直接识别出信息主体的信息，该信息有着非常强的指向性，如姓名、家庭住址等；④间接识别信息是指在结合其他信息的情况下，又得知了该类信息后，就可以识别出信息主体，如网名、办公电话等；⑤生活活动信息，信息主体在日常生活中会产生或发布各类信息，如地理位置信息、购物信息等；⑥匿名信息是指在现有技术水平与合理成本的限制下，经过处理后，无法识别到特定个人的信息。对于以上类别的个人信息，有关部门可以设置可识别程度和敏感程度两项指标，并通过这两项指标的内容对个人信息保护的程度进行级别划分。其中，可以通过可识别性程度的高低判断是否能够通过一些信息准确识别唯一的信息主体；而敏感程度这项指标可以反映出个人信息被泄漏后，所直接造成困扰或者不良影响的程度大小。

根据以上两个指标将需要保护的个人信息设置为三个保护层级，分别是一般保护、基本保护和重点保护。

第一层级保护设置为一般保护，该级别的个人信息可识别性程度较低，被泄漏或者利用后所造成的影响较小。在前文对个人信息的分类中，匿名信息就类似于在短视频一些用户的个人信息没有任何简介，用不透露本名的 ID 进行发言或者评论时，其他同类用户无法就该信息本身能够定位到信息主体的信息，应当给予一般保护。

第二层级保护设置为基本保护。在前文对个人信息的分类中，可以对间接识别信息和生活活动信息给予基本保护。其中，间接识别信息的内容较单一时，可能无法通过该类信息得到明确的指向性对象，但是当结合一些其他相关联的信息后就可以比较准确地识别出信息主体；而生活活动信息可以反映信息主体所处的环境，由于存在由信息主体和信息处理者共同合作生成的一些信息，所以该类别的保护应当在给予基本保护的同时视情况调整。例如，

当信息主体的权利被侵犯或者个人信息遭到泄漏后产生了很大的影响，那么在行政管理活动中执行任务的工作人员应当对此类信息的处理遵循严格的程序规定，虽然与第三层保护级别所要求的程序有差距，但是也可以视情况选择部分内容向社会有序公开。

第三层级保护设置为重点保护，该级别判断标准是可识别程度和敏感程度两项指标既“高”又“大”，在前文对个人信息的分类中，可以对直接识别信息、生物特有信息和敏感隐私信息给予重点保护。其中，直接识别信息的获取可以让熟悉之人轻易地联想到信息主体本人；生物特有信息具有唯一性，在许多场合被作为身份认定的依据；敏感隐私信息若被公开会给信息主体的生活造成不便，因此，对于这三类个人信息应当给予最高层级的保护，由法律规定对其加以特殊保护，不得随意共享、公开此类信息。

在不同情况下，对部分群体的个人信息应当给予适当区别对待，如一些明星艺人。同等情况下，如果明星艺人等作为在社会上具有较大影响力的公众人物的个人信息被泄漏将会造成比普通群众信息泄漏的更严重后果，产生更大的不良影响。因此，对于此类信息主体的保护，一方面行政机关可以按照侵害个人信息的级别程度形成对应的处罚梯度，符合相关法律法规的要求，而不是单纯地凭着行政机关的偏好决定是否情节严重；另一方面应当按照社会影响度适当地加强对其中某一类型信息的保护。

（二）采取三元式公私法相结合的个人信息保护模式

学界中一直存在着对个人信息保护模式到底是采用“私法保护模式”“公法保护模式”或者是改良后的“个人信赋权 + 处理者责任”模式的争论，其中改良后的“个人信赋权 + 处理者责任”保护模式就是对“告知 + 知情 + 同意”规则适用的改良。但是，改良的保护模式中，行政机关的监管保护功能只是起到了一个辅助作用，并没有直接参与个人信息的保护。自个人信息保护法施行之后，个人信息的保护模式也正在经历着新一轮的转型，其中相关法条规定的内容对政府作为“监管者”的地位越发重视，整个呈现出以个人信息赋权、处理者责任以及行政监管制度三者为核心的三元式公私法相结合的保护模式。

首先，在三元式公私法相结合保护模式中，行政监管有了与其他两项平起平坐的地位，区别于之前作为辅助力量存在，如今是直接通过行政监管权与处理者形成新的公法约束力，以其与个人信息权所形成的私法约束力一起，建立起新的公法上的约束关系，最终共同对处理者形成制约。处于这样一个信息大爆炸的时期，行政监管机构绝对不可以再采用单方面强制执法的监管手段，对此，他们之间开始更加强调合作与发展的行政监管关系，认为事前监管的方式或许不仅可以尽力避免个人信息侵权事件的发生，还有可能在信息侵权事件发生的最初，最优化处理结果，尽量减少损失和伤害。

其次，在三元式公私法相结合保护模式中，排除了行政监管权无限独大的情形，既赋予了行政机关较大的全程监管的权力，也对行政机关的监管权作了相应的限制，这一模式下的最理想状态是赋予当事人向法院起诉行政机关执法过程中行使的监管权对个体的信息权益造成实际损害的诉讼资格。对有利害关系的第三人来说，如果行政机关在具体执行中的部分监管措施对其个人信息权益的实现产生了不良后果和实际损害，这一诉讼资格的给予，有利于个人信息权益的保障。

最后，三元式公私相结合的保护模式也将行政法领域内对个人信息保护采取措施拉到了大众的视野之中，彰显的一大特点就是将行政监管的地位从之前的辅助位置调整到了与其他两项元素不相上下的地位，以此来强调行政监管与其他两项元素之间的并不是相互取代的关系，而是行政监管保护与私法保护两种模式的有机配合、相互合作的关系，因此，既要立足于保护信息主体的权益，也要兼顾大数据合理发展的需求，以便共同实现最终的保护目标。

大数据时代，对个人信息的保护要对应时代发展背景下其内涵逐渐丰富的趋势，行政机关应当利用其强大的监管能力，与其他部门法相互配合，维护公民个人信息保护过程中的动态性需求。因此，要重视和发挥《个人信息保护法》等数据专门法与竞争法之间的协同治理功能，共同探索适合大数据时代技术发展和个人信息保护的多制度、多方式、多合作的数据治理模式，构建灵活性与严格性并存的行政监管体系。

（三）细化行政机关处理个人信息行为的规定

作为个人信息保护领域内的第一部法律，个人信息保护法承担了统领的作用，但是如何能够在实践中顺利推行个人信息行政保护制度，需要制定一些更详细的规则作为承上启下的工具，帮助信息主体和信息处理者能够更好地参与其中。

首先，细化行政机关处理个人信息行为的程序规定。①制定更详细的实施细则，其中可以规定对行政机关的执法工作开展长期监督、定期检查和突

击检查等规则。例如，设置检查结果评分制，规定参与监督、调查活动的工作人员不得少于 2 ~ 3 名，双方都应当严格遵守检查程序，最后执行检查工作的每位工作人员都要对结果进行记录，如果有连续三次差评，则可以对其进行处罚。②由于目前尚未设立专门的个人信息行政保护机构，所以也会存在不同地区的行政机关都对同一起侵犯公民个人信息案件参与调查的情况，这种情况也可以制定细则或者条例，规定若两个监督机关对管辖权产生分歧，可以遵循汇报制度，层级报告更高一级的行政监督机关，加强对管辖权的统一配置。

其次，进一步明确法律责任的承担主体和诉权主体。①个人信息保护法有将监管者纳入监管的特点，因此需要对履职部门作进一步解释，明确是特定的履职部门还是广义的履职部门，或是两者兼用。②依据《个人信息保护法》就个人信息侵权责任的规定，建议对应当承担损害赔偿等侵权责任中的损害赔偿的标准和没有完全列举的责任承担方式作进一步明确。③根据个人信息保护法规定，对享有个人信息保护公益诉讼的诉权主体之一的“国家网信部门确定的组织”到底包括哪些部门有待在实践中进一步探索，作进一步明确规定。

最后，进一步细化信息处理者的违法行为的处罚标准。①行政处罚的适用须过罚相当，在适用行政处罚过程中，如果通过教育、指导、责令改正、警告等途径无法达到规制目的，那么就采用更为严厉的制裁措施达成规制目标的，如罚款、停业整顿、吊销营业执照等更严厉的制裁措施。②设定不同梯度的处罚标准，如个人信息保护法规定了行政机关不履行保护义务的，对直接负责的人员予以处分。对该条规定，可以对应前文所提到的个人信息分级分类保护体系中对应的保护层次，进一步细化处分标准，不同层次的侵权对应不同的标准层级，对工作人员的处分措施形成相应的梯度。

二、完善个人信息行政法保护的执法

信息主体如果在个人信息权益受损的问题上与作为公权力代表的政府机关产生分歧与冲突，那么不论争执或者维权的后果如何，其过程必定是耗费心力的，所以想要完善个人信息的行政法保护，不仅需要从立法入手，还要从执法上对行政机关的权力进行有效规制，包括但不限于内部监督和外部监督。例如，分步骤建立健全相辅相成的配套制度，加强信息处理者自我规制的行政监督，建立有效的事前、事中、事后全程监管体系，推进行政执法制度科学化、合理化发展。

（一）加强信息处理者自我规制的行政监督

行政法上的“自我规制”在广义上既包括团体的自我规制，也包括个体的自我规制。个人信息保护法中制定的内容表达了对行政规制和自我规制的重视，在对法律法规的落实过程中，要更好发挥自我规制的自主性优势，尊重市场主体在大环境下能够维持良性运转的规则，重视市场参与者在自律性规范中起到的代表性作用。

1. 在实践中逐步形成一个具有差异性与灵活性的监管尺度

（1）行政机关应当重视事前防控，划分风险预防类别，对应不同类别采取不同的监督措施。例如，对三年内曾经发生泄漏公民个人信息或者操控网络信息安全事故的信息处理者进行备案登记，根据案件的影响程度等因素对监管对象进行风险评估，决定是否将其列为个人信息侵权案件的重点关注对象。

（2）行政机关应当加强事中监督。例如，在监督检查的形式上要具有灵活性，不可拘泥于单一的检查方式，可以根据前面所述的备案制度灵活采取临时抽查和专项检查等方式。

（3）不断提高个人信息处理中央控制系统的智能程度，保证能够紧跟数据时代的发展，采用科技化的手段优化执法过程中的监督检查措施。

（4）行政机关制定的监管标准和制度规定要重视与民法、刑法上的个人信息保护程序之间的协调和过渡。

2. 行政机关要加强内部监督

行政机关作为信息处理者中的一个重要主体，所接触到的公民个人信息或许比市场中的大型企业还要丰富，由此也产生了很多有关部门工作人员在执法过程中侵犯公民个人信息的问题，这些突出问题的解决不仅需要法律对相关人员违反程序后的惩戒机制进行完善，还要行政机关从内部入手，对政府数据共享的过程进行严格监督。具体体现在以下几个方面：

（1）设定数据共享申请联动机制和审批机制，即当行政机关申请获取公民个人信息时，会在整个数据信息处理系统内留下哪个部门的哪位工作人员，在什么时间，以怎样的工作事由调取了哪些公民的个人信息这种类似的申请或者工作留痕，提交认证材料后，才能得到审批。

（2）行政机关有关部门之间在进行个人信息数据交换时应集中于寻找个人或定量的信息，不允许对方工作人员以一般的工作理由对自己部门所拥有的个人信息数据库进行完全的复制挪用，特殊情况可以层级申请，得到审批之后可以在限制条件下批量复制，并保证不可以用于工作任务之外。

（3）行政机关应当加强数据技术的规制能力，不断提高处理信息数据系统的安全性，在规范行政机关执法人员共享数据库的同时，也要兼顾信息处理程序与合法正当之间的平衡。

3. 行政机关要积极执法

受互联网科学技术的影响，大数据时代公民个人信息侵权展现出隐蔽性、多样化和系统性等特征，这提高了行政机关的监管难度，也给工作人员增加了很多的工作量，但是行政机关不能够因此消极执法。在对大型互联网平台企业的监管过程中，一定要注意对其内部治理结构和管理流程等环节进行相应的了解和有效的规制。就态度而言，因为行政监管不仅需要行政机关强大的执法力度，还需要一些起到市场标杆作用的大型互联网企业的配合，所以需要互联网企业端正接受监管的态度，不可以投机取巧，也不能为了逃避监管而向工作人员行贿；工作人员也应当端正监管态度，不可以与受到监管的企业私相授受，收取贿赂。就监管内容而言，不仅需要重视对相关主体的内部合规建设进行合法性审查，还要对私人主体处理软件用户各类信息的行为展开行政监管，杜绝生物识别信息、敏感隐私信息和直接识别信息的随意获取和利用。

（二）设立专门的个人信息行政监管机构

个人信息保护法采用了网信部门统筹与有关部门配合的方式对个人信息进行监督和管理。虽然现有法律规定的监管模式可能在一定程度上有利于当下的信息数据保护形势，但是存在弊端。例如，多部门的监管模式可能会导致相关部门权限不明的问题，也可以理解为当各部门在处理关于个人信息保护的相关活动时，会遇到职责范围重合或者职责范围交叉空白的情形，不论哪种情形的发生，最后都会不利于实践中的有关部门确保处理行为合法性和执法有效性。这种执法上的混乱和监管上的不足，不利于保护个人信息。随着时代的发展，个人信息的内涵也会发生变化，未来可以对现有的个人信息行政监管模式进行创新。

设立专门的个人信息行政监管机构之后，要制定符合时代发展和国情的行政监督标准，在决策和大方向上尽量做到统一。对此，有必要进一步设置专门条款对行政执法程序和处罚标准进行明确，做到公开透明，将对个人信息的处理全过程放到阳光制度的框架之下，实现对行政机关各项权力的合法监督、有效监督和全面监督。监督行为要具体落实到每一位工作人员。例如，明确工作人员获取数据公民个人信息的申请程序、审批程序和备案程序，对申请目的和方式进行考察，这种全方位的监督大大降低了不同部门之间数据共享过程中个人信息泄漏的风险。个人信息行政监管机构还应当负责处理来自信息主体的投诉和举报申请，不得对信息主体的投诉和举报申请视而不见，应当在规定期限内将结果反馈给受害者。

建立一个专门的个人信息行政监管机构有非常多的优点。针对当前相关部门信息素养缺失和数据技能不足的问题，设立专门的个人信息行政监管机构有利于落实宣传增强公民个人信息保护意识的工作和开展内部工作人员的大数据技术培训工作。在开展个人信息普法宣传时，在基层要对相关配套制度进行落实，将责任分配具体化，设定相应的奖惩办法，提高工作人员的信息素养，切实改变行政机关内部工作人员信息素养参差不齐的现状，增强公民个人信息保护的意识。统一的个人信息行政监管机构可以很大程度上吸纳各行各业知识丰富的人才，通过统一的执行标准、执行程序和执行措施，有利于提高办事效率，专人专任，专事专办，提高个人信息保护的相关法律法规的可执行效率。

（三）推动行政监管决策化和智慧化转型

如何在个人信息保护法颁布后与其他相关法律法规共同建立的现有框架中，进一步规避行政机关和市场主体作为信息处理者时的违法行为，构建起一个符合当下社会经济发展的监管制度尤为重要。

首先，要推动行政监管决策化。在行政监管方面，个人信息保护法中关于加强行政监管的内容凸显了行政监管决策化转变的特点，如规定“针对小型个人信息处理者、处理敏感个人信息以及人脸识别、人工智能等新技术、新应用，制定专门的个人信息保护规则、标准”，这一立法规定授权的范围非常广泛。尽管本条中只简短地增添“小型个人信息处理者”作表述，但是在未来基于完整的监管规则形成之后，衍生了如何界定该对象的具体内涵，针对该对象制定怎样的规则，与其相关的工作机制如何确立等问题，特别是

涉及敏感个人信息、人脸识别和人工智能等话题制定的规则，应当具有开拓未来的决策性眼光。目前，相关条文已经在传达行政监管决策化的意识，这不仅适应了目前个人信息保护的大量具体规则尚未出台的情形，也为后续相关规则的颁布，提供了差异化对待的空间与基础，有一定的过渡空间。

其次，行政监管应当重点调控信息主体和信息处理者之间的不平等结构。基于我国客观存在的行政主导模式，政府作为开展行政立法、行政执法和行政监管的主体，拥有着相对于市场中的大型互联网企业来说所没有的超然地位，因此对待个人信息保护，也应当重点调控享有公权力的国家机关作为信息处理者时对个人信息的不当侵害。

最后，推动行政监管智慧化。要充分发挥信息数据技术在个人信息保护中的作用，具体可以表现在：①有关部门根据职能，利用算法建设线上线下协同一体的智慧监管平台。例如，市场监督管理局可以大数据算法技术，收集当地企业的特点等元素导入其中，建设智慧监管平台，然后监管人员可以登录监管账号，随时查看企业工作人员有没有违规操作和贩卖个人信息的迹象。②应当及时升级信息安全防护措施，运用技术手段强化政府机关的数据库建设，定期对系统安全进行检修，及时修补安全漏洞，更新系统的杀毒软件，加大研发数据保护技术的投入，加强对外部恶意技术攻击的反制能力。③在信息产业化的大趋势下，要在政府收集和处理个人信息数据占主导地位的情况下，有效介入大数据和人工智能的处理规则，坚定便利群众和服务群众的理念，推行“互联网＋政务服务”，从而推进个人信息行政监管的智慧化转型。

三、完善个人信息行政法保护的司法

在个人信息的行政法保护领域内，存在公民的申诉权、救济权却难以得到有效的保障的情况，如何对触犯法律的信息处理者进行处罚不仅是作为受害者的信息主体十分关注的问题，也是作为千千万万群众中一分子的我们对国家政府机关行使公权力的监督，更是对理想法治社会的期望。有效保障救济权利，需要各方主体的共同努力。

（一）构建多元的救济制度

我国个人信息保护的救济途径，不仅包括了民法，还有刑法、行政法等多个部门法，要尽量排除偏见，各个法律体系和相关部门在职责范围内，采取多种手段，通力合作，拓宽个人信息保护的多种救济途径。

首先，在个人信息安全保护多元救济制度的建立健全中，要重视行政公益诉讼制度的作用，有利于在行政机关内部监督机制运作失灵时，为权益受到损害的信息主体提供外部救济渠道。具体表现在：①在起诉对象的确定上，可参考适用“连带责任说”的同时结合“外观主义说”；②在责任要件上，要科学分配举证责任；③要着重考虑在个人信息权益损害案件中，个人作为信息主体，行政机关作为信息处理者之间巨大的力量差异。个人信息主体没有足够的精力、金钱、资源、时间和知识能力与存在违法行为的行政机关相对抗，此时为了实现救济，可实行举证责任倒置制度，减轻信息主体的诉讼负担。

其次，重视协调行政监管和行政复议之间的关系，保障当事人申请行政复议和行政诉讼的权利。我国现已建立较为成熟的行政复议制度，如果将行政机关侵犯个人合法信息权益的行为纳入行政复议制度的覆盖范围内，不仅可以拓宽纠纷的解决途径，发挥行政复议在解决纠纷时高效、快捷的优势，而且有利于行政机关的内部监督，开展有错必纠工作。例如，假设可以规定行政机关在执法过程中存在违规收集公民个人信息，随意泄漏公民个人信息或者行政机关侵害公民个人信息权利等其他行为时，信息主体作为当事人有权向上一级行政机关申请复议，行政机关根据复议结果，视情况采取相应的措施。

（二）扩大行政的赔偿范围

个人信息保护法规定了处理个人信息未履行本法规定的个人信息保护义务的责任承担，包括责令改正、给予警告和相关数额的罚款。这些罚款规定的背后并没有传达出对权利受损主体的赔偿，因此这一规定或多或少有点违背了立法的初衷。

行政赔偿制度是行政救济体系的重要组成部分，主要是对行政机关违法行为侵害公民权益造成的损害进行赔偿。为扩大行政赔偿范围，可以从行政赔偿的主体、范围、方式和赔偿额度的梯度标准等方面入手：一是增加个人信息案件适用的情形，扩大适用范围；二是丰富行政赔偿的方式，不仅要有经济上的赔偿，还要根据案件具体情况决定是否要求行政机关承担对权利受损的信息主体进行恢复名誉等精神赔偿的责任；三是在进行经济赔偿时可以针对不同级别的侵权程度设置相应的赔偿梯度标准。

在个人信息保护的救济方式上，应当以尽最大努力帮助公民维护个人信

息权益和得到实质救济为第一要义。各部门的救济方式作用于公民个人信息上都有其优势和劣势，在这样一个多元共存的开放时代，各部门应当发挥各自在个人信息保护方面具有的优势，避免冲突与内耗，相互配合，通力合作，尽力避免个人信息保护救济途径交叉空白的情况，支持公益诉讼，扩大行政赔偿范围，完善行政诉讼和行政复议制度在个人信息保护中的应用，探索公私领域多元治理、多法协同的保护模式。

第五章　社会公民权益的行政法保护机制

第一节　财产权的行政法保护

一、行政法视野下的公民财产权

从法律的角度而言，公民财产权就是公民对财产所享有的一种权利，但是它的内涵在私法领域和公法领域有所不同，即公民财产权的概念在民法、宪法和行政法中存在差异。民法上的财产权所指向的是具体的利益和服务，这种利益和服务是在公民财产权在宪法上得以保证的情况下才产生的，可以分割，还可以转让。行政法领域所说的公民财产权是指由行政法律规范所设定和确认的财产权，包括请求权、受益权、防御权、抵抗权及程序保障权等，主要是与公权力相抗衡的一种利益关系，它可以有效地区分公权力的活动范畴。

公民财产权保护写入宪法，表明其属于人权范畴。也就是说，公民财产权是一项与人的生命权紧密相连的、不可转让的、不可被任意剥夺的权利。宪法中关于公民财产权的规定，是其他一切法律法规中建立和健全公民财产权制度的核心和基础。“财产权是公民的一项重要权利，它不仅需要宪法的确认和规范，更需要行政法的保障。”①

行政法是诸多宪法执行法中与宪法关系最密切的一个部门法，也是对宪法实施最具保障作用的一个部门法。财产权是公民自我保全一切权利的基础，而行政权是应公民保有其财产的要求而设立的权力。如果公民丧失了这个基础，则丧失了建立公民社会的意义，因而建立公民社会的目的在于通过国家权力保护他们的财产。

① 黄学贤．我国公民财产权保障的宪法与行政法审视［J］．徐州师范大学学报（哲学社会科学版），2008(4):106.

从行政法制发展的历史来看，行政权也是一直围绕财产权保护这个核心展开权力配置的，没有财产权，行政权就丧失其存在的物质基础。行政法意义上的私有财产权已经不再是一种单纯的民事权利，而是行政相对人的权利。公民将其以私有财产权而取得的特定身份运用在行政活动中，行政主体与他们形成行政法上的权利义务关系，我们把在行政法律关系中对行政主体享有财产权的公民称为私有财产权的行政相对人。行政法意义上的公民私有财产权一方面要求行政主体要对行政相对人的财产权给予充分的尊重，使之不受侵犯；另一方面要求行政主体履行积极的作为义务，以各种方式在最大限度上保护行政相对人享有的财产权利，使私有财产权的行政相对人成为真实的财产权人。

总之，财产权与行政法之间，虽不能说有着直接的因果关系，但亦应有唇齿相依的关系，即财产权对行政法体系的完善起到非常重要的作用，而行政法又应在保护和规划财产权上发挥应有的功效。

二、公民财产权行政法保护的意义

（一）促进市场经济发展的重要法律手段

从经济学角度上讲，规范财产权方面的个人信誉，规范和谐的经济秩序，可以促使国民自由并积极投资，有利于激活民间资本、有效利用社会资源、创造更多的国民财富，还有利于防范资源配置的错位。通过行政立法承认公民通过劳动创造合法取得财产的所有权，有利于激发公民的劳动热情，有利于保障和促进民营经济的发展、加快市场经济的节奏，从而增加社会财富。

公民财产权是国家政府权力的界限，可以有效地遏制行政权力对公民私有财产权的侵害和剥夺。倡导对财产权的平等保护，就会减少甚至免除行政权力对公民的侵犯，也就是说，公民财产权是国家权力的最有效并且最可靠的屏障。正是因为公民财产权保护十分重要，从改革开放、实行市场经济开始，我国先后出台了一系列法律、法规，充分承认和保护公民财产权，既实现了与国际接轨，也大大激活了国内市场经济发展的原动力。行政权力既要保护公民财产权不受侵犯，也要在公民财产权遭受实际侵害后履行积极的救济义务，更要积极促进社会财富增加、满足公民过上有尊严、有保障的高质量生活，这不仅是行政权力保障人权的积极体现，更是我国改革开放取得辉煌成就的坚实动力和巨大源泉。

（二）建设社会主义法治国家的需要

公民依附于政府对财产行使控制权和处分权，从而公民财产权的保护直接影响着个人与国家之间的关系。重视公民私有财产权的保护可以提升公民的法伦理和法道德，可以有效地控制和减免有关财产权的争议，还可以缓和官民矛盾，从而树立良好的政府形象，加快科学发展观的落实和和谐社会的构建，这也是健全当今社会的法律模式和建设社会主义法治国家的关键。

承认和尊重公民财产权，是社会民主、和谐、繁荣发展的前提。正是财产权制度的设计与确立，才从根本上遏制了国家权力的专横与滥用，个人才有了生命、自由和追求幸福权利的基础和舞台。尊重和保障公民基本权利，规范行政权力的行使，健全权利与权力的制约机制，这是法治建设的必由之路。行政机关依法行政，保护公民的人格尊严、人身自由和财产权益不受行政机关的非法侵害就构成了现代行政法的主要内容和重要价值追求。

三、公民财产权行政法保护的完善

第一，加强行政立法，明确财产权保护范围。从立法层面明确公民财产权的保护范围。行政法应详细规定哪些财产属于公民个人所有，哪些财产受到行政法的特别保护。这包括公民的房屋、土地、动产、知识产权等各类财产。通过明确保护范围，可以为公民提供更加明确的法律指引，使其了解自身财产权的界限和受到的保护。

第二，规范行政行为，防止行政权力滥用。进一步规范行政行为，防止行政权力滥用对公民财产权造成侵害。行政机关在行使职权时，应严格遵守法定程序和权限，确保行政行为的合法性和合理性。对于涉及公民财产权的行政行为，应进行严格的合法性审查和监督，确保不损害公民的合法权益。

第三，完善行政补偿制度，保障公民合法权益。在行政征收、征用等涉及公民财产权的行政行为中，应建立完善的行政补偿制度。当公民的财产因公共利益需要而被征收或征用时，行政机关应给予公民合理的经济补偿，以保障其合法权益不受损害。同时，应明确补偿的标准和程序，确保补偿的公正性和透明度。

第四，加强司法救济，提供有效法律保障。当公民的财产权受到行政行为侵害时，应为其提供有效的司法救济途径。司法机关应依法受理公民对行政行为的申诉和控告，对违法行政行为进行纠正和惩处。同时，应加大对侵害公民财产权行为的处罚力度，以儆效尤。

第五，推动行政公开透明，提高公民参与度。为了增强公民对行政行为的信任感和认同感，应推动行政公开透明。行政机关应及时公开涉及公民财产权的行政决策、执行情况和结果等信息，接受社会监督。同时，应积极拓宽公民参与行政决策的渠道，充分听取和吸收公民的意见和建议，确保行政决策的科学性和民主性。

第六，加强宣传教育，增强公民法治意识。加强对公民的法治宣传教育，提高其法治意识和维权能力。通过普及行政法律知识，让公民了解自己的权利和义务，学会运用法律武器维护自己的合法权益。同时，应鼓励公民积极参与社会公共事务的管理和监督，共同推动法治社会的进步和发展。

第七，建立健全的行政监督机制。为了防止行政权力滥用，保护公民财产权不受侵犯，必须建立健全的行政监督机制。这包括内部监督和外部监督两个方面。内部监督主要是指行政机关内部的监察、审计等机构对行政行为的合法性和合规性进行定期检查和评估。外部监督则包括司法监督、社会监督和媒体监督等。通过多方共同努力，形成对行政权力的有效制约和监督机制。

第八，完善行政复议和行政诉讼制度。行政复议和行政诉讼是公民维护自身权益的重要途径。当公民认为自己的财产权受到行政行为侵害时，可以通过行政复议或行政诉讼来寻求救济。因此，完善行政复议和行政诉讼制度对于保护公民财产权具有重要意义。应确保复议机构和法院的独立性和公正性，提高复议和诉讼的效率和质量，为公民提供更加便捷、高效的法律救济渠道。

第九，加强行政人员的法治教育和职业道德建设。行政人员是执行行政行为的主体，他们的法治意识和职业道德水平直接关系公民财产权的保护效果。因此，应加强行政人员的法治教育和职业道德建设，提高他们的法律素养和职业操守。通过定期培训和考核，确保行政人员在执行职务时能够严格遵守法律法规，切实保护公民的合法权益。

第二节　公民环境权的行政法保护

一、公民环境权及其分类

公民环境权是指公民应享有的在满足基本生活和维持人基本尊严的环境下生存的权利。“环境权主张是一种重要的环境保护理论，环境权是公民应当获得在良好的环境中生活的一切相关权利。行政法作为国家调整社会关系的法律手段，具有平衡行政权和公民权功能，在环境权实现上承担着重要的法律使命。”①公民环境权从实体性权利和程序性权利两个方面着手探讨其分类。

（一）公民环境权的实体性权利

公民环境权作为一种新型的人权，是公民主张维护自身合法环境权益的源泉。同时，公民环境权作为实体性权利与程序性权利交叉的复杂权利体系，研究其具体分类有着极其重要的作用。公民环境权中的实体性权利，即环境享有权和环境使用权。

1. 环境享有权

环境是以人的活动为中心的一切自然或人工的自然要素的综合，同时，环境作为公民独立生活的基础物质条件和空间场所的供给者，是人类生存不可或缺的条件，保护环境还具有确保人类正常繁衍的功能。可见，环境对于公民来说极其重要，进而确认环境享有权作为公民环境权中最为基础的权利，对维护公民环境权有迫切的现实意义。

环境享有权作为公民享有的利用环境基础资源以及在不被破坏和污染的环境下生存的权利。具体来说，主要包括两大方面的内容：一是与公民整体工作、生活环境密切相关，同时与公共性有交集的权利，主要包括清洁空气权、清洁水权、环境美学权、风景权、历史文化遗产瞻仰权等；二是与公民客观生活、工作环境有密切联系的权利，主要包括通风权、阳光权、眺望权、安静权等。

---

① 满国石．环境权行政法保护问题研究［J］．北方经贸，2012(1):37.

2. 环境使用权

在公民环境权理论被接受的国家，它们认为公民在环境法上享有不同于其他法律关系的主体资格，享有使用环境的权利。环境使用权作为公民环境权的实体性权利，指公民使用客观环境，确保正常生活条件的权利。虽然在国外环境立法中没有环境使用权的规定，但有类似日照权、景观权等权利规定，可以作为确立环境使用权的权利基础。具体来说，公民的生活、工作离不开环境，在环境立法中确立环境使用权，为公民使用环境资源并维护自身环境权益提供保障，并且对公民履行环境义务，保障公民环境权益有不可或缺的意义。

（二）公民环境权的程序性权利

公民环境权中的程序性权利是政府环境信息公开制度、环境行政许可制度以及环境行政救济制度的权利基础，主要包括环境知情权、环境事务参与权以及环境损害赔偿请求权。

1. 环境知情权

法律应当明确公民的环境知情权，进而赋予公民通过法定渠道获得相关环境信息的权利。同时，要尽快建立合理的补偿与救济机制，从制度和法律层面有效地保障公民环境权的实现，维护社会的公平与正义。

环境知情权作为公众参与原则的基础权利，是公民对其客观生存环境以及整体环境状况知晓的权利，也是对国家的环境管理状况以及相关政策制度知悉的权利。因而，这一权利不仅是公民参与环境保护的前提，也是公民参与环境管理的手段。可见，一国的环境信息状况，在影响本国公民的同时也会影响其他国家，甚至全世界的环境状况。因而赋予公民了解本国环境信息的权利十分重要。

环境知情权是指保证公民和社会组织获得与环境问题相关的各种真实情况的权利，它是公民行使监督权的源泉。这一权利主要包括公民的整体环境知情权以及公民的微观环境知情权。就整体环境知情权而言，主要是指社会公众对环境相关的政府宏观发展规划以及对相应法律法规政策的了解。就公民的微观环境权而言，主要是指社会公众对其所处的客观环境状况的了解，知晓其所处环境周围各类开发建设活动具有的或者可能具有的危害，知晓相关生产经营活动对环境的影响程度。

《中华人民共和国政府信息公开条例》在法律层面上确定了环境信息公开制度，表明该制度在我国已经受到政府的高度重视。但这并不能表明我国环境信息公开制度已经相当完善，如该法对公众的环境知情权没有进行明确规定，相应的规范零散地分布在各个条款之中，没有形成一个完整的法律体系。因而在法律中规定公民的环境知情权，这样公民行使相应的权利才有法律依据，这也是为何反复强调环境知情权重要性的原因；同时只有环境知情权得到明确的规定，政府环境信息公开制度与环境行政许可制度才有确实的权利基础。

环境知情权是公民环境权利行使的前提，同时是公民对政府行政行为的一种监督。如果权利主体不知晓环境信息，那么公民对环境行政主管部门的信息或者环境状况将一无所知，所谓的监督就成了一纸空文。因此只有通过环境信息公开，让环境信息为公众所知晓，公众才能行使其对政府权力的监督。

2. 环境事务参与权

所谓环境事务参与权是指公民有参与环境决策，环境政策制定，参与环境管理活动的权利，它是平衡各种利益，减少社会矛盾、确保环境权得以实施的有效途径。具体来说，环境事务参与权贯穿于国家环境管理的预测和决策，环境科学技术的研究、示范、推广工作，以及开发利用的国家管理过程与环境保护的监督工作等环节中。

公民的环境事务参与权，作为公众参与原则的具体体现，它为公民参与环境管理提供了条件。根据现行环境法的有关规定，我国鼓励公民参与环境事务的预测、决策、评价，但对公民参与环境管理的方式、监管等却没有明确的规定。当前，公民参与环境事务最典型的就是环境影响评价制度的实施。环境影响评价制度鼓励公民在项目决策前，通过听证会等形式，对有关项目可能产生的环境影响进行民主表达的过程，从而使得公民更好地参与环境管理。然而，环境影响评价大多集中在具体建设项目上，对其他活动的环境影响评价适用较少。可见，目前环境事务参与权的范围过于狭隘、层级过低，不利于公民环境事务参与权得到切实保护。

我国在落实公民的环境事务参与权上，应该做到两个方面：①扩大公众参与的范围与层次，从而保障公民更好地参与环境事务的管理；②我国相关的环境立法应该明确公民参与环境管理的具体方式、程序，以便为公民有效参与环境管理提供合理的程序保障。

3. 环境损害赔偿请求权

环境损害赔偿请求权是公民在遭遇环境损害或者不能得到基本环境条件

时，请求维护其基本权益的法律保障。同时，环境损害赔偿请求权，作为公民提起环境赔偿诉讼的前置性权利，探讨其界定有着重要的意义。

《中华人民共和国环境保护法》规定，对遭受环境损害的公民、法人或者其他组织，有请求赔偿其遭受损害的权利。可见，我国环境法中对环境损害赔偿请求权提供了立法基础。但是在实践中发现，该规定过于笼统，也没有对环境损害赔偿请求权的范围作出明确的界定，不利于公民环境权的保护。根据此种情形，我国环境立法中应当对环境损害赔偿请求权的范围作出界定，以便公民明确地主张自己的权利。但是，又折射出另一个问题，环境问题种类繁多，并且随着社会发展会产生新的环境问题，因而针对环境损害赔偿请求权的范围又是不断更新、发展的，所以在环境立法的时候，同时应该给环境行政机关一定的自主权，从而才能高效地实现对公民环境权的保护。

另外，由于环境问题一般具有一定的潜在性，不利于人们浅显地发现，有些环境问题需要较长的时间才能得到保护。而我国在环境法中对环境损害赔偿进行保护的时效为 3 年。根据当前相关环境实例来看，该时效的规定，不能有效地对公民的环境赔偿请求权进行保护。因而，为了更好地保护公民环境权，可以适当对环境损害赔偿的时效进行延长，从而有效保障公民环境损害赔偿请求权的实现。

二、公民环境权行政法保护第一屏障：政府环境信息公开

环境知情权是政府环境信息公开制度的权利来源，对公民环境权的保障有着重要作用。环境行政主管部门要履行好自己职能，及时、全面、准确地将环境信息向社会公众公开。良好的环境信息公开机制有助于更好地保护公民环境权。

（一）政府环境信息公开的内容

1. 环境影响评价信息公开

环境影响评价信息公开主要包括建设项目环评信息公开、规划环评信息公开以及战略环评信息公开，其中涉及最多的还是建设项目环境影响评价信息公开。所谓建设项目环评信息公开，是指对环境可能有重要影响的建设和开发项目，在其兴建前，对其可能造成的环境影响进行调查、预测和评价，按照法定程序将其信息予以公开的制度。在环境影响评价信息公开制度中涉及最多的便是建设项目的环境影响评价信息公开。

2. 环境审批信息公开

当前，企业或者个人违法排放污水、废气等现象屡见不鲜，这些状况的出现，跟环境审批信息公开制度有着不可分割的关系。正是因为环境审批信息公开不到位，使得环境行政主管部门在环境审批的过程中不严格按照环境法的规定执行，从而导致污染环境事件频频发生。因而，探讨环境审批信息公开制度，对于保障公民的环境权有着极其重要的作用。

针对环境审批信息公开应当从三个方面努力：①建立一套长效与应急相结合的监管模式，对环境审批信息公开前后都进行有效监督，防止环境行政主管部门出现行政不作为现象；②明确环境立法中环境审批信息公开的具体范围，使得环境行政机关在行政过程中有法可依，更好地保障公民环境权的实现；③建立配套的环境审批信息公开程序，确保公开的及时、高效，防止环境信息公开不及时导致丧失信息价值，从而给环境带来更加深远的破坏。总而言之，环境审批信息公开的完善，对保障公民环境权有着深远的意义。

3. 重污染企业环境信息公开

重污染企业环境信息，作为政府环境信息的重要组成部分，对探讨公民环境权的保护也有着重要的作用。应该改变政府环境信息公开制度中主管部门的运作机制，从而使重污染企业的环境信息得到及时公开，而改变的核心是，实现环境行政主管部门内部的职能分立，即设置专门机构，在环境行政主管部门内设立高于一般职能部门级别的专门机构来负责政府环境信息公开。这是它担当起推进和监督政府信息公开工作的基本条件，由于该机构独立于环境行政部门，这种独立性既包括不受其他机构常规性工作的束缚，使其能专门负责政府环境信息公开工作，也包括有专门经费以及其他条件保证该机构有足够的独立性，不受其他机构影响的机制。通过该专门机构的设立，可以彻底改变环境信息公开的运作机制，针对当前频发的环境信息公开不及时引发的环境损害难题，有着极其重要的作用。

（二）政府环境信息公开的方式

1. 主动公开

在我国政府环境信息公开方式的框架中，主动公开一直备受环境行政机关的青睐。然而，虽然环保部门每年公开了大量环境信息，但对有关政策、规划的形成过程却隐而不公开，使得主动公开被社会公众视为政府的形象工程，不利于公民环境知情权的实现。对此，可以从以下几个方面努力：

（1）厘清各种主动公开方式的关系，对需要公众周知的环境信息，最好指定专门的刊物和网站统一刊载或发布，对于某些即时性、亟须公众了解的环境信息，并辅助于电视、广播、新闻发布会等。对于一般的环境信息，可由行政机关自行确定，采取更灵活的公开方式。

（2）使网络公开能够实至名归，环境行政机关所公布的信息应当全面、准确、及时；政府部门网站的建设和维护应更加协调和统一，政府网站之间应当加强交流。

（3）公开方式应当多元化，主动公开方式应尽量满足不同群体的需要，采取多样化的方式，既应有网络方式，也应有纸面方式；既应有官方刊物，也应有为普通公众所接受的媒体、广播。

（4）在边远地区应采取群众喜闻乐见的公开方式，因为这些地区群众的文化水平不高，物质基础相对较低，群众了解环境信息的途径有限。

总的来说，通过上述途径不断完善政府环境信息的公开制度，可以有效保障公民环境权的实现。

2. 依申请公开

主动公开的过程主要限于行政机关内部，公众看到的是公开的结果，相较而言，依申请公开具有极强的外部性，申请便成为此种公开的首要环节。因此，从公开分工以及申请主体范围来探讨申请中出现的问题具有重要的意义。

目前，通行的政府环境信息公开申请人要求，是不分个人和组织，不论申请人的国籍，也不考虑申请的目的，普通的个人、组织均有申请权，几乎没有任何限制。考虑到我国政府环境信息公开尚处于发展阶段，我国现行的政府信息公开制度对申请人采取了一定限制策略。对于公开分工，遵循谁制作或保存，谁公开的原则。环境信息总体上可以无限制复制，某一行政机关制定或保存的政府环境信息的副本有可能传送给许多不同的行政机关。

因此，确定由哪一个行政机关公开或者申请人应向哪一个行政机关申请公开，就是重要问题。理论上，有两种方式可供选择：一种是由最初制作或保存该信息的行政机关公开，因制作或首次保存该信息的行政机关最了解制作或保存该信息的意图以及该信息的内容，由其公开可以避免其他行政机关错解该信息。但对于申请人而言，在一些情况下要寻求制作的行政机关或首个保存的行政机关可能有一定难度。另一种是不管政府环境信息是由哪个行政机关制作或首先保存，只要行政机关持有该信息，申请人就可以向它提出申请，而不必费心去确定哪个行政机关制作或接近于该信息，这可大大方便当事人申请政府环境信息。显然，第二种方式，更有利于公民及时、高效地获取环境信息，因而从政府环境信息公开的方式上可有效保障公民环境权的实现。

三、公民环境权行政法保护第二屏障：环境行政许可

环境行政许可，指环境行政主体，针对某种环境禁止的事项，依据行政相对人的申请，通过颁发许可证赋予其权利和资格的行为。环境行政许可作为一种覆盖面广、有效的环境管理方式。环境行政许可，以实现对各类资源开发活动进行国家统一管理，对不符合者不予颁发许可证，以保证资源得到最大限度的开发和利用。另外，环境行政许可，可以通过设定各种限制条件，即设定各类附条件或者附期限的许可，对不符合条件或者期限者不颁发许可，从而进行有效环境管理。

环境行政许可制度的完善对公民环境权中环境知情权及环境事务参与权的实现具有重要意义。接下来从开发建设行为的行政许可、排污行为的行政许可、环境规划行为的行政许可这三个方面来探讨环境行政许可制度对公民环境权的保护。

（一）开发建设行为的行政许可

作为环境法里应用最为广泛最普遍的一种法律制度，行政许可制度反映了一个国家环境管理的法治化、规范化、科学化水平。而开发建设行为的行政许可是环境行政许可中最为普遍的一种，为污染防治与生态环境保护提供可靠的基础。

当前，开发建设项目繁多，而对其行政许可也缺乏相应的统一、高效的许可机制。大多开发建设行为在得到行政许可之后，没有相应系统的监督机制，从而不能有效地对环境行政许可行为作出合理评价和救济，不利于对公民环境权的保障。因此，可以采取以下监督模式：

第一，回应性监督，即指环境行政主管机关授予相关行政相对人某种许可，并与该授权相对的监督模式，同时该监督模式允许将监督权再授权给其他公民或者组织，从而使得监督能更好实现。

第二，激励性监督，即指通过某种奖励方式来激发监督的积极性，防止在环境行政许可过程中效率过低及动力偏低现象。

第三，自我监管，即指相关环境行政管理主体，在授予行政相对人以某种资格时，同时对自己的行为进行监督和约束，该种监督模式，则对行政相对人的监督要求较低，有利于监管性机关的建设。

通过以上监督模式的结合使用，可以在环境行政许可前后进行全面的监管，高效地保障公民环境权的实现。

另外，开发建设行为的行政许可，在听证、费用与撤销等方面也有一定的不足，即指现行环境保护法规中缺少开发建设项目行政许可的听证、费用与撤销等方面规定。由于开发建设行为行政许可属于行政许可的一种，并参照环境影响评价行政许可费用规定要求，开发建设行为的行政许可应该是不收费的，但是现行的环境保护法规对此没有规定，因而需要有关行政机关予以明确。

（二）排污行为的行政许可

污染物排放管理是环境保护日常管理一个重要方面，通过对排污单位的审查、监督可以确保污染治理设施正常运行，所以排污行为的行政许可是一项重要的行政许可。

1. 排污行政许可的范围

环境行政许可制度是国家对环境进行管理而采取的一种行政审批和监督管理的制度。针对对环境有影响的各种规划、开发和建设项目、排污设施和经营活动，须事先向主管部门进行申报，经批准获得“许可”后才能进行，而排污行政许可则是其中重要的行政许可之一。因而明确排污行政许可的范围，对公民有效行使自己的权利有着重要的作用。

具体来说，排污行政许可是一项涉及技术、行政、法律等各个方面的综合性很强的环境保护行政管理措施。根据我国现行的环境保护法律、法规的规定，排污行为的行政许可管理范围包括生产与社会生活中排放污染物，以及污染物处理设施管理；对于有关居民的生活污染排放如生活污水、生活垃圾的排放没有纳入日常的环境保护行政管理中，因而不在排污行政许可管理范围内。对排污行政许可范围的界定，有助于公民更便利申请排污行政许可，更有利于公民保障自己的环境权益。

2. 排污行政许可制度的完善优化

我国排污行政许可可以从以下四个方面进行完善：

（1）建立一套长效与应急相结合的监管模式，对排污行为行政许可之前和之后都进行监督，防止有关行政相对人不严格按照许可内容执行，另外，该模式的建立有利于高效应对及时发现的环境问题。

（2）建立相关的额外削减量存储制度，进而鼓励现有污染源在最佳时机对污染物作出经济的额外削减，保障公民环境权益。

（3）明确在排污行政许可中的撤销以及撤回制度，当前在《中华人民共和国水污染防治法》中指出对水安全有严重损害的紧急情况下，赋予环境主管部门在一定情形下采取紧急措施，包括减少或者停止污染物的排放。可见在一定情况下赋予环境主管部门撤销或者撤回排污行政许可，但总的来说不够具体，需要对其进行进一步明确、细化，从而从排污行政许可的角度保障公民环境权的实现。

（4）采取“工程批准”制度，使得在工程设计的早期阶段给予必要的排污管制，并在许可证审核时建议排污量及方法，从而防止污染事件频频发生，使公民环境权益能得到更好保护。

（三）环境影响评价行为的行政许可

环境影响评价的行政许可，实际上是指“环境影响评价审批”。其中，环境影响评价行政许可是环境行政许可制度的重要组成部分，而环境保护是我国的基本国策，环境影响评价制度是我国重要的环境保护制度，通过环境影响评价制度可促进产业合理布局、优化企业选址，防止区域性环境污染，所以它对于预防环境污染、促进环境保护领域依法行政具有重要意义。

1. 环境影响评价行政许可的范围

环境影响评价行政许可主要包括以下内容：

（1）从环境影响评价的层级来看，环境影响评价制度包括建设项目环境影响评价、规划环境影响评价及战略环境影响评价，但从我国环境立法看，我国环境影响评价行政许可仅包括建设项目环境影响评价及规划行为环境影响评价的行政许可。

（2）《中华人民共和国行政许可法》（以下简称行政许可法）调整的是外部行政关系，即行政机关与公民，行政机关与法人或其他组织的关系，而行政机关单位之间的关系则属于内部行政关系，不属于行政许可法管理范围，由此可以得出，规划环境影响评价也不属于环境影响评价行政许可的范围。

（3）军事设备建设项目的环境影响评价也不属于环境行政许可范围，可见，非军事建设项目环境影响评价属于环境行政许可范围。

2. 环境影响评价行政许可制度的完善优化

当前，根据我国环境立法的相关规定，可知在环境行政许可申请与审查过程中存在违法行为，如果被许可人通过其他不正当手段获取行政许可，则被许可人无权要求撤销该行政许可的行政机关赔偿。但是，在我国现行环境立法中还没有关于建设项目环境影响评价许可撤销与赔偿的有关规定。并且根据《行政许可法》的规定，对于环境影响评价行政许可来说，虽然行政许可撤回情况很少，但是从管理规定的完整性来说，应该有这方面的管理法律规定，然而在现行环境保护法规中还没有行政许可撤回补偿的相关规定，因而需要对其进行明确与完善。

四、公民环境权行政法保护第三屏障：环境行政救济

环境行政救济，作为环境法的一个重要和必不可少的组成部分，是为了保障环境法的有效实施，以达到保障人类健康，保护和改善生活环境和生态环境，促进经济、社会与环境的协调发展的立法目的。

（一）环境行政指导

环境行政指导，指环境行政主管部门对行政相对人的环境相关行为提出指导性建议、劝告等行为。它是环境主管部门为了更好地保护环境，保障公民的环境权而采取的行为。因为环境问题的产生具有广泛性，很多环境问题不能通过环境行政诉讼及环境行政复议制度解决，而环境行政指导却能弥补别的制度及法规规定的漏洞。

1. 环境行政指导的模式

环境行政指导，相较于环境行政诉讼、环境行政复议而言，它的表现形式更宽泛，更便于公民、团体或者法人保障自己的环境权益。其中最主要的方式是指导，即环境行政管理机关对相关环境问题给予行为人以指导，从而实现对公民环境权益的维护，主要包括对特定对象的环境行政指导以及对不特定对象的环境行政指导。环境行政指导的方式还包括鼓励、劝告、经济扶持以及树立环保典范。所谓经济扶持，是指环境行政管理部门通过给予人力、物力等方式，从而维护行政相对人的弱势权益。另外，劝告是除了指导方式之外，广泛应用于环境行政指导的一种表现形式，它主要指行政主体通过现有资料进行科学分析，说服对方减少或者根除环境影响的手段。总的来说，通过各种方式的配合使用，环境行政指导才能更好地发挥其功效，弥补环境

立法中的漏洞，高效保护公民的环境权。

2. 环境行政指导制度的完善优化

环境行政指导在各国环境法中都得到了广泛的应用，是为了公民环境权能得到确实的保护。可以从三个方面努力：①建立一套合理、有效的程序性控制手段，防止环境管理机关滥用行政权，从而更有效地保护公民环境权的实现；②形成一整套民主、实效的指导决策程序，保障环境行政机关作出高效、科学的决策；③建立配套的纠错或者反馈的制度，使得环境行政指导更加科学。

（二）环境行政复议

环境行政复议，指环境保护行政主管机关，在环境行政执法过程中，依环境行政相对人的申请，依法对引起争议的具体环境行政行为进行复查，并由该行政主体或其上级机关对此作出裁决的制度，它是公民保障环境权的重要途径。

1. 环境行政复议的范围

在环境法律规定中，明确规定环境行政处罚是可以申请的范围。但是在环境复议条例和环境诉讼法中除了有环境行政处罚之外，还把环境强制措施、环境行政义务等都纳入环境行政复议的范围。根据环境复议范围的一般分类，并结合环境法律、法规规章的具体规定，总的来说，环境行政复议的范围主要包括环境行政处罚争议、环境强制措施争议、环境行政义务争议、环境行政许可争议以及环保部门的不作为争议这五部分。

（1）环境行政处罚争议，指环境行政主管机关对违反环境法律法规的行为，依照法定程序给予一定的处罚，从而行政相对人或者行政相关人对此不服引发的争议。环境行政处罚争议作为环境行政复议的重要内容之一，就处罚机关来说，是环境行政主管机关或者享有环境行政权的相关部门行使环境管理权的一种方式；就处罚对象来说，就是对公民或者组织的环境违法行为的一种制裁。

（2）环境行政强制争议，指环境行政主管部门或者其他享有环境行政权的行政机关在行政管理中，通过对行为人限制某种行为等强制措施，从而使行政相对人或者行政相关人对此不服引发的争议。而环境行政强制在环境主管部门行政管理中用得相对较少，并且其适用程序也较严格。

（3）环境行政义务争议，指环境行政机关或其他享有环境行政权的行政机关，依照法律法规对行政相对人以一定的环境保护义务，并且要求行为人以履行而引发的争议。其中典型的环境行政义务主要包括要求缴纳排污费、要求进行环境影响评价、要求执行“三同时”、要求进行排污申报登记、要求提供排污情况和有关资料等。

（4）环境行政许可争议，指行为人对环境行政主管部门准予相对人发放许可证的行为不服引发的争议。它是环保部门保护环境资源，控制环境污染破坏的有效手段。相对人要取得许可证，法律、法规大多规定了一定的条件，因此，环境行政许可争议主要是在相对人认为符合颁发许可证的法定条件，而环保部门拒绝颁发或不予答复的情况下发生的。

（5）环保部门的不作为争议，则主要是指对于公民、法人或者其他组织而言，要求环保部门防治污染，并借以保护其人身、财产和环境权益。如果环保部门在对相对人提出请求后拒绝履行其法定职责或不予答复，相对人有权对这种不作为申请复议。

2. 环境行政复议制度的完善优化

环境行政复议制度的核心目的在于提供一个公正、高效的法律途径，以确保公民在环境权益受到侵害时能够得到及时有效的救济。然而，当前制度的复议范围相对狭窄，这在一定程度上限制了其作用的发挥。为了更好地通过环境行政复议制度来保障公民的环境权，有必要对该制度进行细致的审视，并提出切实可行的改进建议。

首要的是，可以考虑适当扩大环境行政复议制度的范围。当前，许多环境争议案件由于不在复议范围内而被排除在复议机制之外，这无疑削弱了该制度的保护功能。通过扩大复议范围，可以将更多与环境权益相关的争议纳入复议程序，从而使更多利害关系人的环境权得到有效保障。

此外，还应关注复议程序的透明度和公正性。确保复议过程公开、公平、公正，是提升公众对环境行政复议制度信任度的关键。为此，需要进一步完善复议流程的公开机制，让公众能够清楚地了解整个复议过程，并对复议结果进行有效监督。

同时，加大复议决定的执行力度也是至关重要的。一个强有力的执行机制能够确保复议决定得到切实执行，从而真正维护公民的环境权益，应该建立健全的执行跟踪和监督机制，确保复议决定不落空。

（三）环境行政诉讼

环境行政诉讼，因环境行政争议引起，而环境行政争议是因环境行政管理而引起的环境行政机关与环境行政相对人之间的争议。环境行政诉讼，是追究环境行政机关的行政责任的重要手段，是监督和促进环境行政机关严格执行和实施环境法的重要手段，也是保护公民、组织的环境权益的重要手段。

1. 环境行政诉讼的类型

环境行政诉讼，根据环境争议的不同，从请求履行职责之诉、请求行政赔偿之诉、司法审查之诉三个方面探讨对公民环境权的行政法保护。

（1）请求履行职责之诉，指环境保护监督管理机关不履行或者不履行其行政管理职责时，由环境行政相对人对该行政机关或其工作人员向法院提起的，要求法院责令其履行环境法规定的职责的诉讼。例如，排污单位认为符合法定条件向环保部门申请登记许可，环保部门拒绝登记或不予答复的情况。另外，环境行政主管部门对建设项目的环境影响评价书不予批准或者答复，而行政相对人认为该环境影响评价书符合法定标准，应当予以批准。在上述两种情况下，排污单位和建设项目的主管部门都可以依法对环保部门向法院提起行政诉讼，要求其履行法定职责。

（2）请求行政赔偿之诉，指环境行政相对人在其合法权益因环境行政机关或其工作人员的具体行政行为的侵犯而受到损害时，为获得赔偿而向法院提起的赔偿之诉。例如，公民、法人或者其他组织认为环境行政部门违法要求其履行义务或侵犯其财产权的，可以向法院提起诉讼，要求行政机关进行赔偿。同时国家赔偿法也对其作出规定，有关行政机关当其行政行为损害行政相对人的权益时，受害人可以寻求获得赔偿的权利。

（3）司法审查之诉，是指环境行政相对人认为环保部门的行政处罚决定没有法律依据或者不允许而侵犯了自己的合法权益时提起的诉讼，要求法院对该决定的合法性和合理性进行审查。即指当环境主管部门作出的行政处罚损害行为人具体权益时，要求行政机关予以赔偿的制度。

2. 环境行政诉讼制度的完善优化

为了使环境行政主管机关全面干预环境事务，保证这种介入的高效性，同时保障行政相对人或者行政相关人的合法权益，从而确立一系列的环境行政诉讼制度。现行法对环境行政诉讼制度也有大量的规定。例如，水污染防治法规定，当行为人的环境权益遭到损害时，该行为人可以请求环境行政主

管部门对与其相关的赔偿问题进行处理，当环境行政主管部门不处理或者行为人对处理结果不服时，可以向人民法院提起诉讼，从而保障该行为人的环境权益。行政诉讼法规定，当行政主体做出的具体行政行为损害行为人的权益时，行为人可以先向该行政机关提出异议，由该行政机关解决损害赔偿问题，当行政机关不能解决时，行为人可以就损害赔偿问题向人民法院提起诉讼。

结合我国现有环境行政诉讼制度，环境法对于行政诉讼法的适用问题还需深入研究，按照我国法治统一的原则，通过三个方面进一步健全和完善我国的环境诉讼体系。①适当扩大环境行政诉讼原告的范围，使得受到损害的公民或者团体能更好地通过环境行政诉讼维护自己的环境权益；②建立一套系统、高效，并且有别于行政诉讼法中程序规定的制度，使环境问题的潜在性、专业性的特点得到满足，使公民环境权得到有效保障；③扩大环境行政诉讼中团体诉讼的范围，使环境权益损害的事件能通过诉讼得到保障。

第三节　公民食品安全权的行政法保护

一、公民食品安全权的认知

“食品是人类赖以生存的最基本的物质要素，食品中若含有危害人体的物质，会对人的健康甚至生命构成严重威胁。食品安全权作为公民的一项基本权利，理应受到全方位的保护。”[①] 公民食品安全权是指公民直接食用的食品或通过货币手段购买的食物及原材料在生产、加工、运输等过程或环节中应当符合对人体的无害性、营养性需求的权利。公民食品安全权是公民享有的一项基本权利。对于食品安全权的保障关系到公民个体的生存与发展。

公民食品安全权概念首先便是食品的无害性要求，无害性要求是指含有身心发育、发展和维持以及身体活动所需的各种营养物，这些营养物与人的整个生命期各阶段的生理需要相一致，并能满足男女不同职业的需要。因此，有必要采取措施维持、适应或加强食物多样性和恰当的消费和喂养方式，包括母乳喂养，同时确保食物的提供和获取至少不对食物结构和食物摄取产生

① 尹露．论公民食品安全权的法律保障［J］．江南大学学报（人文社会科学版），2014，13（2）：120．

不利影响。无有害物质对食物安全作出规定，并要求政府和私营部门都采取保护措施，防止食品在食物链各阶段因掺杂掺假和或因环境卫生问题或处置不当而受到污染。还必须设法识别、避免或消除自然生成的毒素。食品的无害性是保障食品安全的基本前提，也是公民食品安全权的重要内容。

（一）公民食品安全权的权利主体

权利的主体即为权利的享有者，公民的食品安全权是公民的一项基本权利，它既是一项抽象的权利，也是一项具体的权利。抽象的权利是由于其是一项公民基本权利。具体的权利是指在实际的食品生产与消费的过程中，每个消费主体都是权利的享有者。基于对公民食品安全权的保障，进而延伸出对知情权、求偿权等消费者权利的保护。对消费者知情权、求偿权的保护可以保障公民在选取食物时有充分的选择自由；在权利受到侵害时能够得到相应的救济。

（二）公民食品安全权的义务主体

现代价值观普遍认同权利与义务的不可分割性。在谈及公民食品安全权问题时亦是如此。与公民食品安全权相对的义务主体应当有以下两类：

从纵向关系来看，对食品生产、消费各个环节负有监管义务的国家机关是第一类义务主体。其承担义务的依据来源于国家法律的规定与自身机关的工作职能。从我国法律规定及现有食品安全监管体制来看，负有保障公民食品安全权的国家行政机关主要包括农业部门、质监部门、工商机关、卫生部门以及食品药品监督部门。这些部门与机关从中央到地方构成了目前对食品安全监管的体系，也是负有保障公民食品安全权的主要行政机关。此类主体的特点是以国家公权力及强制力为后盾来行使职权、履行义务。在未能恰当履行义务时承担相应的行政责任。

从横向关系来看，食品原材料及食品的生产者、加工者、运输者、销售者均应当对公民食品安全权负有保障义务。此为公民食品安全权的第二类主体。需要特殊说明的是，一些团体或行业协会基于自身职能而给予相应的食品认证，那么公民基于对该团体或行业协会的信赖而购买产品时，给予认证的社会团体或行业协会同样应当保障其认证的食品符合相关标准，从而成为公民食品安全权的义务承担主体。此类主体承担义务的来源主要是基于合同下的义务及诚实信用、善良风俗等民事法律基本原则。此类主体的特点在于食品的生产者、加工者、运输者或销售者以个人或企业的名义承担义务，其

既是义务的承担者又是权利的享有者。因其在生产、加工环节之外也是食品的消费者，其食品安全权同样需要得到应有的保护。在未能恰当地履行该义务时，承担责任的形式以违约责任为主，兼有行政责任、刑事责任。例如，在违反食品卫生监管制度时受到行政部门的行政处罚或是依据刑事法律的规定对生产、销售有毒有害食品等行为承担相应的刑事责任等。

二、公民食品安全权行政法保护的必要性

对公民食品安全权施以行政法保护必要性的探讨有助于明晰对公民食品安全权保护的重要性与迫切性。从而在实践中自觉增强相关主体的权利保护意识从而加强对公民食品安全权的行政法保护。现今社会中，由于社会管理活动的日趋复杂化与多样化，行政权力渗透到社会管理的方方面面。而食品安全的监管问题往往涉及范围广、影响重大。行政权本身具有主动性、强制性的特点恰好可以对此类违法行为及时作出反应，能够及时有效地对相关违法行为进行处理、将食品安全事故扼杀在萌芽状态。从而能够有效地给予公民食品安全权以行政法保护。

（一）保障公民生命健康权的需要

保障人权是现代民主国家的重要任务之一，而生命权与健康权是人权的基本形式，也是人们应当享有的最基本权利，是个体生存与发展的必要条件。我国宪法中虽然没有明确提出公民生命权与健康权的概念，但我国宪法明确提出了公民的人身自由不受侵犯。而人身自由不受侵犯的基本前提就是对于公民生命权与健康权的保护。食物的摄取是保障公民生命权与健康权的基本形式，只有充分保障公民的食品安全权，确保食物的营养性与无害性才能保障公民的生命权与健康权。对公民食品安全权的保护更凸显了尊重和保障人权这一宪法基本原则的精神与要求。

（二）保障公民知情权的需要

现代食品科技的发展可谓日新月异，在为人们提供丰富而充足的食物供应的同时也产生了另一个问题，那就是食品生产企业与消费者之间的信息的不对称。由于消费者缺乏相应的专业知识，对于所购食品的信息获取主要依赖食品生产企业的提供。知情权是指消费者享有知悉其购买、使用的商品或者接受的服务的真实情况的权利。根据《中华人民共和国消费者权益保护法》中对于知情权范围的定义，知情权应当包含对所供应商品基本信息、技术信

息及销售状况的了解。根据上述范围，公民食品安全权的行政法保护要求食品生产企业向政府部门及消费者提供食品生产原料、产地、生产加工方法、售后及产品保质期限等信息，并保证原材料的安全与营养性、生产加工方式对人体的无害性等。故对公民食品安全权的保护可以敦促企业主动提供相关信息，以保障消费者的知情权。

三、公民食品安全权行政法保护的完善策略

加快完善我国食品安全监管体系，明确各部门监管执法权限才能更有效地保障公民食品安全权，切实维护公民的生命权与健康权，推动我国人权事业的发展。通过前文对我国现有公民食品安全权行政法保护体系的分析与探讨，基于对现有食品安全监管体制中存在的问题，应当从完善行政立法、重整监管机关、设立食品安全公共基金等方面入手，逐步完善对我国公民食品安全权的行政法保护。

（一）完善公民食品安全权的行政立法

解决我国公民食品安全权的行政法立法存在的问题与漏洞有助于构建完善的公民食品安全权保护体系，提高国民的身体素质、保障公民的生命权与健康权。

1. 扩大食品安全的监管范围

我国目前的食品安全监管体制主要集中在食品加工、流通和消费环节，而对食品原材料的生产环节监管相对薄弱。这种“半链条”的监管模式显然已经无法满足现代社会对食品安全的高标准要求。因此，有必要对《中华人民共和国食品安全法》（以下简称食品安全法）进行相应修订，明确将食品原材料的生产、加工环节纳入其监管范围。

具体而言，应在食品安全法中明确规定，食品原材料的生产和加工过程必须遵守的法律法规和标准。这些标准应涵盖生产手段、过程中的卫生条件、使用的化学物质等多个方面，确保从源头上保障食品的安全性。同时，对于原材料生产过程中的各类信息，如生产批次、使用原料、生产日期等，应建立完善的存档与上报制度。这样做不仅能增加食品生产过程的透明度，让消费者对食品安全有更直观的了解，还能确保监管机关能够随时掌握相关数据，对可能存在的问题进行及时预警和处理。通过这种方式，可以更有效地保障公民的食品安全权，让人民群众吃得放心、用得安心。这也是完善我国食品

安全法律体系，构建和谐社会的重要举措。

2. 完善追责制度设计

权责一致方可规制监管部门，督促监管部门依法行使监管权力。在食品安全监管的追责机制中分为两个部分：一是对食品生产，运输，经营者违反国家食品安全法律法规时的追责机制；二是完善行政监管主体在监管失职时的行政追责。

（1）对食品生产主体的追责制度设计。食品安全法及其实施条例中对于食品生产者、经营者等在侵犯公民食品安全权方面的责任规定得较为详细，但是目前的规定存在处罚门槛较高且处罚力度较轻的状况。这样的处罚机制难以对违法者产生威慑作用。在未来的修正案中应当适当降低处罚门槛，加大处罚力度并完善行业退出机制。我国各地经济与社会发展差异较大，未来的修正案应当仅对处罚金额作出原则性的规定，省级政府根据本地域经济发展的实际情况制定本地标准。此外，还应当在未来的修正案中严格行业退出机制，在严重侵犯公民食品安全权的情形下禁止违法者再次从事食品生产、经营行业。

（2）对食品安全执法机关的追责制度设计。现行《食品安全法》及实施条例的责任规定大多数针对食品生产与经营者，对于监管机关的规定并不多见。对此情况应当适当增加对食品安全机关在没有恰当地履行监管职责而导致公民食品安全权受侵害时的追责机制，因此在食品安全法的修正案中应当增加对食品安全监管机关的追责制度设计。在追责制度的具体设计上，建议在发生食品安全事故时，启动事故调查程序与行政问责程序。在查清事故原因的同时应当检查在此过程中食品安全监管机关是否存在失职或者履职不恰当的行为。具体的调查机关可以设定为食品安全委员会。在食品安全委员会下设置调查机构，专责负责对食品安全监管机关的履职调查。若发现相关的监管机关或监管人员存在失职甚至渎职的行为及时给予行政处罚、构成犯罪的情形下有移交司法机关的权力。具体而明确的追责机制设计对于食品安全监管机关同样是督促，权责一致的监管机关才能保障在监管工作中发挥作用，切实有效地维护公民食品安全权。

我国虽然对于食品安全监管机关失职时也会采取相应的调查措施，但是这种措施并没有在法律上给予明确的规定，对于调查机关、调查程序等更是没有提及，故应当在未来的修正案中进行补充。

（二）严格公民食品安全权的行政执法

改革现有监管模式，重新分配食品安全监管权力势在必行。对于食品安全监管模式我国学界存在两种观点：一种观点认为食品安全监管应当采用“单一部门制”，即由单一部门来负责食品安全监管。另一种观点认为应当采取“综合监管”模式。“单一部门”监管模式主张统一监管部门，改变现有的分段监管模式。但“单一部门”模式难以切实有效地发挥食品安全监管之责。食品安全监管涉及整个食品链条，不仅涉及种类繁多，而且专业性较强，单一部门难以应对。而单纯地将现有部门合并为一个部门并不能解决现有的分段监管模式的弊端，只是将部门间的问题转化为部门内问题。为此，建议在保留分段式监管模式的基础上加以完善，通过强化考评机制、明确各个监管部门职权等途径逐步改善现有食品安全监管体制。

1. 转变执法观念、强化考评机制

从根本上落实“为民服务、以民为本”的思想，才能在日常的食品安全执法活动中自觉践行“执法为民”理念。正确对待手中的行政权力，积极履职。要针对食品安全监管活动的特点制定考评制度。强化考评机制能够从制度上落实食品安全监管机关的职责、履职方式与相应的行为后果，敦促执法人员积极履职、依法履职。在具体的考评机制构建过程中，首先，应当明确执法部门的权限、执法依据、监管内容、法律后果等，从而为考评机制打下制度基础。其次，各级部门应当根据本地执法实际情况、执法权限等因素制订符合本地方食品安全状况的执法考评方案，可以从业务学习、公众宣传、日常执法、特定时段内的执法效果等多方面进行评判。从而达到量化管理执法活动的目的。最后，考评制度可以分为日常考评与年终考评两种形式，在年终考评的过程中可以引入人大代表、政协委员、社会公众等参与到食品安全执法人员的考评中来，这样可以强化对食品安全监管机关的外部监督，还能够提高社会公众对食品安全监管的参与程度。

2. 加强食品安全执法机关硬件建设

随着食品科技的不断发展，食品添加剂种类也呈现爆炸式的增长。食品安全监管机关迫切需要更新现有设备、引进专业技术人才。目前食品检测的高精尖设备多数依赖进口，国内供给能力不足也影响了食品安全执法机关的设备购置。国家应当采取政策引导等方式鼓励本土企业研发生产相关装备，为食品安全执法机关的硬件建设创造物质条件。此外，国家财政在购置高精

尖的食品安全检测设备时给予一定的政策倾斜。在专业化人才培养方面，建立定期培训制度以保证执法人员具备相应的专业技术知识。鼓励食品安全相关专业的高学历人才到中西部地区与基层食品安全监管机关工作、充实执法力量。国家应当支持和鼓励食品安全监管机关参与国际专业会议，汲取域外同行的监管经验、学习先进的监管制度。从而增强食品安全监管能力，更好地维护公民食品安全权。

（三）建立食品安全公共基金

在很多食品安全事故中，承担赔偿责任的大多是食品生产与经营主体或其他直接责任人，其责任形式也是民事责任。但是食品安全事故往往波及范围广、受影响人数多，而违法者本身的赔偿能力有限。这就造成了很多受害者在被侵权后难以及时充分地获得赔偿，不但影响了受害者的治疗与康复，也给所在家庭带来较为沉重的经济负担。因此，可以设立食品安全公共基金为受害者提供一定的支持。

1. 食品安全公共基金的资金来源与管理机构

食品安全公共基金的来源有两个方面：一是食品安全监管机关在依据法律规定要求违法者支付的罚款或罚金。关于罚款与罚金，我国规定了违法者同时承担民事赔偿责任与罚款或罚金不能同时缴付的情况下优先进行民事赔偿。但是在不承担民事赔偿责任时不存在此问题。此前，根据法律规定这一部分罚款与罚金应当上缴国库。可以将这一部分资金用于食品安全公共基金的设立，也是基金的主要来源。此外，食品安全公共基金还可以接受社会各界的捐款作为资金的补充性来源。二是在管理机关的选任方面，地域上食品安全公共基金应当管理机构设立在省级政府所在地的市。机构上应当选任第三方机构来管理运营食品安全公共基金。第三方机构应当以向社会公开竞聘的方式产生并将结果向社会公示。选任第三方机构来运营管理基金的好处在于独立于政府部门与资金来源可以将运作管理与资金来源之间的利益分隔开。第三方的独立运作也可以增加基金管理与使用的透明度，以便于社会监督。

2. 食品安全公共基金的使用与监督

食品安全公共基金的使用应当界定给付情形、金额、给付方式，从而为基金的使用提供一个明确的框架与流程，在给付情形中应当排除直接责任人能够赔付的情形。在直接责任人不能赔付或不能全部赔付的情况下，由受害者向基金的管理机构提供相应的证明材料，在基金管理机构审核后根据基金使用的相关规定向申请人核发。在具体的制度设计中，向申请人支付的补偿金额可以划分为一万元以下、一万元至五万元、五万元至十万元三档。各地可以根据本地经济发展水平、申请人的实际情况在相应的额度内核发。

为了保证基金不被挪作他用，在使用管理办法中应当明确规定食品安全公共基金应当专款专用、任何机构与个人不得擅自改变基金用途。管理机构应当定期向社会公布基金使用情况，自觉接受社会监督。任何机构的运作若仅仅存在内部监督而没有外部监督与责任制度，往往导致监督虚无化从而为腐败等违法行为提供温床。对于食品安全公共基金的监督也不例外，在未来的监督机制设计上，除食品安全公共基金的管理机构应当自觉定期向社会披露基金的使用状况等信息，接受社会监督外，还应当定期由审计部门负责对基金使用情况进行监督，保障基金专款专用。

第四节　公共用公物利用权的行政法保护

一、公共用公物利用权的性质

公共用公物利用权就是人们按照管理者或指导者的要求，或者按照法律规定、一般习惯，合理地使用公物，享受公物提供的功能，从而提高自己的生活质量。

公共用公物利用权的性质关系到公众的该种权利能否成为一种法律上的主张，在其权利受到侵害时能否得到救济。因此，在研究公共用公物利用法律关系中，对利用权的性质进行研究是十分有必要的。但由于公共用公物本身多样化，其利用形态有所不同，公众依据不同利用形态所享有的利用权就有所差别，对利用权的性质研究一般也是从利用的不同形态分别探讨。因公共用公物的使用都是基于公共的目的，而公众对公共用公物的日常使用属于一般利用，故此处仅就公共用公物的一般利用权的性质进行探讨。

公共用公物的一般利用是一种公权利，这是因为公权利充分尊重了公共用公物利用人的利用权。随着现代行政法的发展，“权利本位”观念已经是当今时代的主流，公共用公物已经不再是国家对公众的一种恩赐，公众的公物观已经从传统的公物为国家资产的观念转变为全民所有的财产的主人视角。现实中，大多数公共用公物的利用对于公众来说，具有赖以生存和发展的意

义，而国家设立的目的之一便是要保障公民的生存和发展，从这一层面来看，公众对公共用公物的利用权就应当属于一种基本权利，而这种基本权利的行使涉及国家的行政行为就应当属于一种公权利。另外，公权利由个人公法利益作为其来源依据，行政机关通过税收等行政手段从公众的个人利益中汲取财富去设立和管理公共用公物，公众作为纳税人对公共用公物的利用应当是一种基本权利。

二、公共用公物利用权的主客体与内容

（一）公共用公物利用权的主体与客体

公共用公物利用权的权利主体在公共用公物利用法律关系中指的是公共用公物利用人。公共用公物设立的目的为提供公用，从这一目的来看，公共用公物利用权的权利主体，也就是公共用公物利用人指向的是公众，并且是不特定的公众。由于公共用公物的公共利益性和公法支配性，公共用公物利用人实际上是作为行政相对人对公共用公物进行利用。具体来说，公共用公物利用法律关系由所有者、管理者、养护者和利用人构成，一般情况下，公共用公物的所有者、管理者和养护者都是行政主体，行政主体是公共用公物利用法律关系中的当事人之一。

行政主体不仅负有管理、养护公共用公物，以保障公共用公物能够供利用人正当利用的职责和义务，在遇到利用人违法利用或者侵害他人利用权的情形时，行政主体也有权对其作出处罚。如果说公共用公物利用权的权利主体是公众，那么公共用公物利用权的义务主体就是行政机关。因此，在公共用公物的利用中，行政主体对公共用公物的利用起到保护作用，而利用人则是作为行政相对人行使其利用权。

公共用公物利用权的客体，即“公共用公物”，是一个宽泛且多样的概念。公共用公物，顾名思义，是指供公众使用或享受的各种公共设施和资源。这些公物不仅在日常生活中扮演着至关重要的角色，而且是社会公众实现其基本生活需求和提高生活质量的重要基础。公共用公物的类型和范围广泛而多样，它们共同构成了社会公众日常生活的重要基础，保障了人们的基本生活需求，同时为人们提供了丰富多彩的生活体验。因此，确保公共用公物的合理利用和保护，对于维护社会公共利益和提高人民生活质量具有重要意义。

（二）公共用公物利用权的内容

公众是公共用公物利用权的主体，公众作为行政相对人行使其利用权，就必须明确其利用权的内容，切实保障公共用公物利用人的合法权益。结合我国目前的实际情况来看，从行政法的角度探讨公共用公物利用权的内容就包括使用权、行政参与权、监督权和救济权四项。

1. 使用权

公共用公物设立的目的是提供公众使用，作为利用人，公众最基本的权利就是使用权。具体而言，使用权主要有以下两个方面的内容：

（1）平等使用权。由于公共用公物有非排他性和非竞争性的特征，公众在利用公共用公物时是共同使用的，故公众在对公物进行利用时，应当享有公平使用的权利。这种公平使用权体现在两个方面：首先是公众之间利用时，不得影响他人的使用权，其次是行政机关对公共用公物利用进行管理时，也应当公平、平等地对待利用人，不得歧视对待利用人。当然，公平不是无差别的公平，合理的差别是允许存在的，如从事海上运输的企业比一般企业拥有更多的对海洋公物的使用权就是一种合理的差别。

（2）安全使用权，又称为无瑕疵利用请求权。公共用公物是为了公共利益，保障和改善人民生活而存在，若是公共用公物存在瑕疵，危害公众的人身财产安全，则不符合公共用公物设立的目的。公众在使用公物时，有权要求提供者或者是管理者履行维护的义务以保障公共用公物的安全使用。

2. 行政参与权

公共用公物的特征之一就是受公法约束，利用人作为行政相对人对公共用公物进行利用，而行政主体则是作为管理人对公共用公物的利用进行管理，以维护公共用公物利用的秩序，保障利用人的合法合理利用。行政主体对于公共用公物的设立、变更、转换和废止等过程都依法具有行政管理权，而这几个环节中任一环节都会对利用人的利用权产生影响，因此，利用人对于行政主体的公物利用管理行为应当享有行政参与权，这种行政参与权是一种程序性的权利。具体而言，这种行政参与权包括了知情权、听证权和提出意见权等。例如，在公共用公物的设立阶段应当享有得知公共用公物基本信息的知情权，此时对应的是行政法上的政府信息公开制度；在公共用公物相关内容需要变更，如名称变更或者用途变更时，应当允许公众参与其中并有权提出意见和建议，涉及相关利益人时还应当享有听证权等。

3. 监督权

宪法规定公民具有的批评、建议、申诉、控告、检举等对国家机关进行监督的权利，这一类监督权同样适用于公共用公物的利用人。从监督权的性质来看，监督权也是一种程序性的权利。公共用公物受公法约束的基本特征使得公共用公物利用的过程，行政主体的身影随处可见，也就是有国家机关的参与。有权力必然要有监督才能防止权力腐败，公众作为公共用公物的利用人，也就是公共用公物的受益人，宪法赋予了其对国家机关的监督权，监督其依法行政，依法管理，依法保障利用人的合法权益。

4. 救济权

有权利必然要有配套的救济，当利用人的上述权利被侵害时，无论这种侵害是来自第三人还是行政机关，利用人都享有救济的权利。对于这种救济权利，由于利用人的行政相对人身份，其救济权实际上是一种行政救济权，如国家赔偿请求权等。

三、公共用公物利用权行政法保护的完善途径

（一）明确行政机关的职责分配

行政机关对公共用公物的利用负有行政管理的职责，为了避免公权力侵害公众使用权的情况发生，减少实践中怠于行使职权和滥用职权等现象，就要明确行政机关的权责。

1. 通过立法明确行政机关权责

行政机关之间权责冲突的根本原因就在于法律规定的不明确或者是法律规范之间存在冲突，因此，关于行政机关之间的权责厘清，可以从以下几个方面进行优化：

（1）通过法律规定明确权责内容。在法治时代下，依法行政的基本要求就是行政机关的权力必须来源于法律法规的明确授权，对此，法律规范应当尽可能地明晰规定行政机关的权责范围。当法律规范之间存在冲突的规定时，则可以按照法律位阶的优先次序适用法律规定，根据位阶更高的法律规范确定行政机关的权责范围。

（2）当法律规范赋予多个行政机关行政管理权或者法律规范的规定模糊不清时，各有关行政机关之间可以在共同的上级机关的组织领导下，围绕法律规定进行协商，最终确定行政机关的权责范围后，通过修改立法等方式确

定公共用公物的行政管理权。

2. 集中行使行政管理权

要解决行政机关职责交叉、多头执法的问题，可以采取相对集中行使公共用公物的行政管理权的方法，将多个行政机关管理同一公共用公物的权力相对集中由一个机构来行使，以更好地引导公共用公物的合理利用。随着我国目前机构改革的大潮流，相对集中行使行政权力已经是大势所趋，例如采取综合执法或者集中行使处罚权的方式行使公权力。在公共用公物领域，也应当允许在一定的范围内实现公共用公物行政管理权力的相对集中，如为了避免城市道路路政管理行政主管部门与公安交通行政主管部门对城市道路管理和维护权限的冲突，可以将路政管理的职能与公安交警的相关职能合并由一个部门负责。

（二）构建行政参与权的保护制度

公共用公物利用人享有行政参与权，对于公共用公物的设立、变更、废止以及如何使用等行政行为，都应当具有行政参与权。由于我国现行法律规范多以行政管理权为中心，内容上很少有保障行政参与权的规定，但公共用公物的任一变动都会对利用权产生一定的影响，故对于公共用公物的变动，利用人有参与其中的权利。在现行法律规范缺乏保障性规定的情况下，我们有必要加大对行政参与权的保护力度。

1. 行政参与权和监督权的立法保障

利用人的行政参与权与监督权是紧密联系的，利用人可以通过行使行政参与权来实现其监督权，并且在法律规范中这两项权利的规定也是密不可分的，这两者在立法上的共同特点就是法律规定内容简略。因此，在考虑规范行政参与权保护制度时，对于完善立法保障方面可以将行政参与权和监督权结合在一起一同论述。

行政参与权和监督权缺乏保障最直接的原因就是法律规范对此的规定不多，因此要通过立法为利用人的行政参与权和监督权提供法律保障。在对公共用公物进行立法保护或者完善法律法规体系时，应当要注重对利用人的行政参与权和监督权进行规定。例如，在城市道路规划到修建的过程中，除了要向社会公开规划和修建内容的要求之外，也要让利用人在这些程序中通过听证会等方式表达自己的意见，并且开通监督的渠道，让利用人对规划和修建的过程进行监督。

2. 优化听证会制度

参与听证是利用人行使行政参与权最普遍的形式之一，关于听证会完善的建议，主要有以下三点：

（1）扩大听证会参与范围。公共用公物利用人是不特定的公众，但我国目前听证会的参与仅能由利益代表参加，而代表的选择过于限制听证会的参与程度。因此，要扩大听证会的参与人员范围，利用人凭身份证等证件证明其身份，就应当具有参与听证会的资格，可以在听证会上发表意见和进行表决。

（2）提高听证会的公开透明度。利用人对听证会的内容具有知情权，行政机关可以采取现场直播、网络直播等形式向利用人传播听证会会议过程，并将听证会的会议记录予以公开，这样才能保障听证会的公开、公平和公正。

（3）说明理由。当行政机关作出的决策与听证会大多数意见不一致时，应当向适用人充分说明理由。

3. 扩充权利行使渠道

扩大利用人行政参与权的形式，提高利用人行政参与的广度。具体而言，除了听证会还可以运用座谈会、专家见面会、推广会、解释会、宣讲会等形式告知公众相关的决策内容。行政机关在作出决策之前，要给予充分的时间并提供平台（如网络平台）供公众自由发表意见，如在政府官网上设立公众参与的栏目，或者紧随时代的潮流，建立政府相关微信公众号以及新浪微博号等网络平台方便利用人可以随时随地参与政府决策。对于公共用公物的利用，必须有利用人的充分参与才能真正体现民意，保障公共用公物利用的目的是造福公众，增加社会福祉。

（三）完善公众监督制度

公众对行政机关享有的监督权，不仅是作为公共用公物利用人所享有的权利，更是其身为公民宪法所赋予的权利，因此，完善公众监督机制无论是对限制行政机关权力的行使还是保障其作为公共用公物利用人的利用权利都是必要的。

1. 增强公众意识

制度的完善并不是一个完美的状态，制度再完善也必须有人的意识参与其中才能发挥出制度的最佳效果。就公共用公物利用的法律保护来说，就算有完备的法律保护制度，若是公民没有权利意识，也不能达到制度设计的目的。所以，公共用公物的利用人必须有权利本位的公物意识，认识到公共用公物的利用权是其作为公民的一项基本权利，有意识地维护其自身权利不受行政机关的侵害而主动去监督行政行为，才能发挥公共用公物法律保护制度的最佳效果。

随着服务型政府建设的越发深入，作为公民的一项基本权利，利用人要意识到其有权监督政府的行政行为。例如，公众基于保障民生、提高人民生活水平、增强人民生活的幸福感等目的，有权利要求政府保护其合法合理的公共用公物利用权，并对有权政府的管理和保护行为进行监督。同时，政府也要通过宣传教育，让公众明了其利用权利，增强公众的公物意识，促使其以主人翁的身份去监督行政机关权力的行使。在宣传的过程中可以采取多种方式，如通过广播、电视、互联网、宣传栏、公益广告、法律手册等方式向公众传递与公共用公物利用的相关权利义务，告知其享有对行政机关的监督权并且要将监督权行使的途径广而告之。

2. 扩充公众监督的反馈机制

权利的充分行使是公众监督反馈制度的前提条件，因此，可以通过两个方面保障监督权的充分行使：①充分保障知情权。政府信息公开的程度和获取信息的途径直接影响公众监督的广度和深度，要保障监督权的行使就必须加大政府信息公开的力度，让公众及时获取公共用公物的详细信息。②扩大公众监督的途径。要结合当下的互联网时代扩宽公众的监督渠道，除了传统的书面、电话、电子邮件等渠道之外，目前很多行政机关都在网络平台上建立了自己的账号，可以在行政机关官网、微博、微信公众号等网络平台上设立监督通道，扩充公众监督的途径。

在保障权利充分行使的前提下，要完善监督权的反馈机制，重视公众监督的效果。目前在某些领域已有部分的法律规范已经明确了对公众投诉、举报的处理程序，如要求对公众书面的投诉举报要予以回应，作出受理或不受理决定书后，对受理的投诉举报要将调查结果和处理结果予以反馈，对于不受理的应当进行理由说明。这种对公众监督的正面反馈的做法应当在各个领域进行推广，使其成为公众监督制度的一项基本制度内容将其常态化。另外，面对信息繁多的网络监督平台，可以安排专员对公众的监督留言予以回应，并对有依据的投诉举报进行调查。重视公众监督作用并予以反馈回应，一方面可以有效地监督行政权力的行使，另一方面可以鼓励公众行使其监督权，加大对政府的信任度，增强政府的公信力。

第六章　动植物行政法保护机制

第一节　行政法视域下的野生动物保护机制

“野生动物保护是生态环境保护中的重要组成部分，是实现生态环境平衡的重要举措。”[①] 野生动物作为一种国家资源，其所有权归国家所有，作为国家公权力机关行政机关理应更好地发挥其对野生动物保护的行政管理职能，行政法应走在刑法民法之前，在制度设计上才更为合理。

一、野生动物行政法保护的内容

我国野生动物保护的行政法内容除了我国业已加入的国际公约之外，其主要内容集中在了国内法律法规部分，而在国内法律法规的规定中其主要内容又集中在了行政法的规范性文件部分。野生动物保护的国际条约作为野生动物保护的行政法的法源之一，二者之间又存在交叉重叠的部分，野生动物保护所涉及的国内法纵向涵盖了法律、行政法规、部门规章、司法解释和规范性文件整个体系。

（一）国际条约与行政法的交叉

国际上野生动物的保护集中在对“野生动物贸易”和“野生动物栖息地”的保护上，包括《濒危野生动植物种国际贸易公约》（CITES）、《生物多样性公约》（CBD）、《保护迁徙野生动物物种公约》等。在这些野生动物保护相关的国际公约中，除了《保护迁徙野生动物物种公约》我国没有加入之外，其他公约我国均为其缔约国。

1.《濒危野生动植物种国际贸易公约》与行政法的交叉

《濒危野生动植物种国际贸易公约》与我国行政法的交叉重合部分主要

---

① 范志强．加强野生动物保护以促进生态环境平衡［J］．农业灾害研究，2023，13(11)：31．

在于保护的范围上。《濒危野生动植物种国际贸易公约》作为一项国际性的法律框架，旨在通过规范濒危野生动植物种的国际贸易，从而保护这些物种免受过度开发和贸易带来的威胁。它明确了哪些物种的国际贸易需要受到特别限制或禁止，并设立了一套国际合作的机制，以确保各国能够共同遵守这些规定。我国行政法在野生动物保护方面的规定，则更多地体现了对国内资源的保护和管理。这些规定不仅涵盖了野生动物的保护范围、保护措施、保护机构等方面，还明确了违法行为的法律责任。这些规定为我国的野生动物保护提供了坚实的法律基础，也为相关部门的管理和执法提供了明确的法律依据。

在保护范围上，《濒危野生动植物种国际贸易公约》与我国行政法存在明显的交叉重合。一方面，我国行政法规定的受保护野生动物种类中，有很大一部分是《濒危野生动植物种国际贸易公约》所列的濒危物种。这意味着这些物种不仅在国内受到法律的保护，在国际贸易中也受到国际法的约束。另一方面，我国行政法对于野生动物的保护措施和管理制度，也在很大程度上与《濒危野生动植物种国际贸易公约》的要求相契合。例如，我国对于濒危物种的进出口管理、狩猎许可制度等，都与《濒危野生动植物种国际贸易公约》的规定相一致。这种交叉重合不仅体现了我国在野生动物保护方面的国际视野和合作精神，也为我国在野生动物保护领域与国际社会进行更广泛的合作提供了可能。

2.《生物多样性公约》与行政法的交叉

我国行政法与《生物多样性公约》的交叉重合点主要在于野生动物的保护措施，即就地保护和移地保护上。

（1）就地保护。《生物多样性公约》中规定的“就地保护”对应着行政法保护的“自然保护区”的建立，“移地保护”对应着我国行政法保护中“人工繁育”等相关体制。公约中的“就地保护”措施可以得出五个关键词：建立保护区系统、重建生态系统、采取特殊措施、防控外来物种、制定法律法规，这五个关键词的内容与《中华人民共和国野生动物保护法》（以下简称《野生动物保护法》）中第二章内容相对应，“建立保护区系统”和“重建生态系统”对应的是“野生动物栖息地保护”中自然保护区的建立和恢复等内容；“采取特殊措施”反映在“国家对野生动物实行分类分级保护”“建立健全野生动物及其栖息地档案”方面所采取的具体措施；“防控外来物种”直接

体现在《野生动物保护法》“禁止或者限制在自然保护地内引入外来物种”的规定中。

（2）移地保护。《生物多样性公约》对移地保护内容的相关规定可以得出三个关键词：设施建设、恢复或复兴濒危物种、财政支持。移地保护相关内容见于《野生动物保护法》的相关规定，其中“设施建设”对应“野生动物人工繁育科学研究机构”的建立，以及“动物园”的建立；“恢复或复兴濒危物种”直接体现在《野生动物保护法》对于“省级以上人民政府野生动物保护主管部门可以根据保护国家重点保护野生动物的需要，组织开展国家重点保护野生动物放归野外环境工作”的规定，“财政支持”则体现在中央和地方财政在鼓励科研机构建立和动物园建设中的财政投入，这一点虽然在动物保护法条文中没有直接得到体现，但却是野生动物保护行政执法过程中的必然成本。

（二）国内行政法的内容及关系

从形式上来说，目前国内对于野生动物保护的行政法规定体现在行政法规、部门规章和规范性文件三个部分，其中尤以规范性文件居多。从内容上看，行政法规主要将野生动物的保护区分为陆生野生动物、水生野生动物以及濒危野生动物分别立法予以规制；部门规章调整的内容重点是野生动物贸易；规范性文件作为更为灵活的一种行政法形式，其内容覆盖面更广，调整对象更具有针对性，手段也更多样化。

在《野生动物保护法》的基础上，《中华人民共和国陆生野生动物保护实施条例》和《中华人民共和国水生野生动物保护实施条例》相继出台，对陆生和水生野生动物的保护办法进行了更为具体的规定，二者在主要的保护内容上大致相当，分为三个部分：野生动物保护、野生动物管理、奖励和惩罚。《中华人民共和国森林法实施条例》将“依托森林、林木、林地生存的野生动物、植物和微生物”纳入森林资源的范畴予以调整。森林作为哺乳类、爬行类、鸟类和两栖类陆生野生动物的一大生活区域，对森林进行经营管理就是对野生动物生存环境的一种保护。

为了更好地履行《濒危野生动植物种国际贸易公约》，国务院于2006年出台了《中华人民共和国濒危野生动植物进出口管理条例》，对濒危野生动植物及其产品的进出口进行管理，旨在保护和合理利用野生动植物资源，条例分别对进出口濒危野生动物的条件、取得进出口证明书的程序性事项、海关等政府机关的职责等方面进行了规定，为进一步落实公约内容提供了法律依据。

野生动物保护的部门规章主要见于中央机构发布的行政规章之中，从数量上来说明显多于行政法规，内容上主要是对我国业已加入的国际公约内容的法律化，以及对行政法律法规中程序性以及对象性内容的具体规定。例如，《湿地保护管理规定》是针对《国际湿地公约》的履行而制定。

野生动物保护的规范性文件大多采用"通知"形式发布，制定主体主要是国务院各部门及直属机构、最高人民法院、最高人民检察院等，内容上主要是针对法规规章在法律适用过程中产生的细节性问题予以规范，在数量上明显要多于行政法规和部门规章。在法律规定中看到了野生动物保护层面政府各部门简政放权、简化程序的内容。

二、野生动物行政法保护的特点

（一）立法位阶越低数量越多

在行政法领域内，关于野生动物保护的法律法规展现了一种层次性与多样性的鲜明特点。这主要体现在法律法规的位阶分布及其数量上。

从位阶分布来看，以《野生动物保护法》为核心，这部法律是我国野生动物保护法律体系中的基本法，具有最高的法律效力，为其他行政法规、规章及规范性文件的制定提供了基本的法律框架和原则。围绕这一核心，行政法规、部门规章、地方政府规章以及规范性文件等，作为辅助性的法律规范，共同构成了我国野生动物保护法律体系的完整框架。

从数量上来看，随着行政法领域对野生动物保护问题的日益重视，相关的法律法规数量也呈现出不断增长的趋势。特别是地方政府规章和规范性文件，由于它们直接涉及具体地区的野生动物保护工作，因此在数量上占据了较大的比重。这些规章和文件往往更加具体、详细，能够更好地满足当地野生动物保护的实际需求。

（二）立法位阶越低针对性越强

如果说《野生动物保护法》是国内野生动物保护的纲领性法律，对于野生动物保护起到了总领性作用，那么其下的行政法规就是针对不同种类的野生动物所进行的区别规范，《中华人民共和国陆生野生动物保护条例》是以陆生野生动物为调整对象的法律规范，《中华人民共和国水生野生动物保护

条例》是以水生野生动物为调整对象的法律规范，《中华人民共和国濒危野生动植物进出口管理条例》是以濒危野生动物为调整对象的法律规范，这三个条例在规定不同种和不同保护级别的野生动物的基础上也为此后的地方性法规和规范性文件的出台奠定了基础，在这三个部门规章的基础上各个行政区域根据所辖区域内野生动物生存和发展的实际情况因地制宜地制定了本地区的野生动物保护法规，规范性文件在此基础上进一步落实了对于野生动物保护法律规范的细节性问题，针对性强的法律文件避免了因上位法规定模糊、界限不清而导致的法律适用不明确的情况，有利于行政机关的执法，但却在另一方面造成了法律规定冗杂的局面。

（三）与国际公约的内容重合度较高

我国国内的野生动物行政保护相关法律法规在保护范围和保护措施上和国际公约有着较高的重合度，中国野生动物保护立法的起步较晚，故而也可以说国际公约的存在在一定程度上为我国野生动物立法工作提供了蓝本和指导，如将野生动物进行分级分类保护、采用就地保护和移地保护的方法、对进出口野生动物物种和程序的规制等，这一特点一方面说明了我国履行国际公约的严谨态度，另一方面说明了中国在保护野生动物上的方向与国际大背景是相同的。

（四）不同位阶的立法之间互为补充和发展

在野生动物行政法保护体系中，不同位阶的立法并不是孤立存在的，它们之间存在着紧密的联系，互为补充并相互促进。这种互补性与发展性，不仅体现了我国野生动物保护法律体系的完整性和系统性，也展示了我国在野生动物保护方面不断深化的认识和努力。

从立法位阶的层次性来看，我国野生动物保护法律体系以《野生动物保护法》为基石，这是国家层面的基本法律，对野生动物保护的基本原则、基本制度和基本措施进行了全面规定。在此基础上，行政法规、部门规章、地方政府规章以及规范性文件等，作为补充性立法，进一步细化和完善了上位法的内容，为野生动物保护提供了更为具体、细致的法律规范。

从立法内容的互补性来看，不同位阶的立法在内容上相互补充，共同构建了一个完整的野生动物保护法律体系。上位法主要规定野生动物保护的基本原则和制度框架，而低位法则在此基础上，针对特定地区、特定物种或特定问题制定更为具体、细致的法律规范。这种内容上的互补性，使得整个法律体系更加完整、全面，能够更好地适应野生动物保护的实际需求。

从立法的发展性来看，不同位阶的立法在野生动物保护领域呈现出不断发展和完善的趋势。随着对野生动物保护问题认识的不断加深和实践经验的不断积累，各级立法机构都会根据实际情况对现有的法律法规进行修订和完善。这种发展性不仅体现在法律条文的具体内容上，也体现在法律制度的整体设计上。通过不断地修订和完善，我国野生动物保护法律体系将更加适应时代发展的需要，更好地发挥其在野生动物保护中的作用。

三、野生动物行政法保护的完善路径

（一）明确野生动物行政法保护的范围

目前，我国对于野生动物保护的主要措施还是“抢救式”保护，普通野生动物以及渐危野生动物只有在变成濒危、珍贵野生动物时才能成为被保护的对象，而当这些动物成为濒危、珍贵野生动物后显然其保护的难度会大大增加，成本也会成倍上升，故而这种“抢救式”的野生动物保护观随着中国经济和文明的发展、国际地位的不断上升理应有所改变，逐渐将更多的野生动物纳入法律保护的范畴，完善动物保护的法律结构是当务之急。

如何让社区居民自觉融入野生动物保护、树立野生动物保护观念也是法律设置上应当注意的问题。社区参与意味着政府要尊重社区居民的知识在野生动物保护中的应用，尊重并帮助他们利益的实现。但其实做到这一点并不简单，它不仅要求法律层面上以权利义务的方式作出规定，同样也依赖人们本身的环保意识和积极性，而目前我国公众参与野生动物保护的主要渠道大致就分为两种：一是自然保护区周边的民众或是政府动员群众参与保护活动；二是野生动物保护组织吸纳公众的捐款，参与的方式和手段都略显狭窄。

因此，想要实现全面保护野生动物，拓宽野生动物的保护范围和渠道，首要任务便是构建“全民保护”的共识。如果公众普遍持有野生动物与人类社区分割的观念，缺乏人类与野生动物休戚相关的保护意识，那么任何野生动物保护法律都将难以发挥实效。因此，实现野生动物的全民保护需遵循“三步走”的策略。

第一步，明确野生动物保护的目的和价值。要从全国乃至全人类的福祉出发，深刻认识到野生动物保护的重要性。野生动物不仅是自然界的重要组成部分，更是生态平衡的守护者。保护野生动物不仅关乎生态系统的健康，

更与人类的生存和发展息息相关。因此，须明确野生动物保护的法律目的，确保法律制定的初衷与这一目标相契合。

第二步，以基层群众自治组织为单位，加强野生动物保护的宣传和教育。基层群众自治组织是连接政府与公众的重要桥梁，它们具有贴近群众、了解民情的特点。通过基层群众自治组织，我们可以将野生动物保护的重要性传递给广大公众，让他们了解野生动物保护的意义和价值。同时，我们还可以采取激励机制，让基层群众从野生动物保护中获利，如设立奖励制度，对积极参与野生动物保护的群众给予一定的物质或精神奖励。这不仅可以提高公众的积极性，还能增强公众对野生动物保护的认同感和归属感。

第三步，宣扬“动物权利”的观念，从观念上改变对野生动物利益至上的利用观。传统的观念往往将野生动物视为人类利用的资源，忽视了它们的生存权利和生态价值。为了实现野生动物的全面保护，要树立“动物权利”的观念。野生动物和人类一样，都是地球上的生命体，它们拥有自己的生存权利和尊严。应该尊重野生动物的生存权利，避免过度开发和利用野生动物资源，保护它们的生存环境和种群数量。同时，应该加大法律制裁力度，对非法捕猎、贩卖野生动物等违法行为进行严厉打击，让法律成为保护野生动物的坚强后盾。

通过这三步走的策略，可以逐步构建起全民参与的野生动物保护体系，实现野生动物的全面保护。这不仅需要政府的引导和推动，更需要全社会的共同努力和参与。

（二）健全野生动物栖息地的法律保障机制

1. 完善栖息地保护法律架构

我国地域辽阔，生态系统多样，野生动物栖息地类型丰富。为了更有效地进行保护，我们可以将自然保护区划分为不同的类型，如森林保护区、湿地保护区、草原保护区等，这种划分方法不仅有利于对不同类型的保护区进行针对性的保护，还能更好地适应中国目前对野生动物的管理模式。

在划分类型的基础上，还需要为每种类型的自然保护区“量身定做”具体的保护办法。这些保护办法应该根据每种栖息地特有的生态特征和野生动物种群的需求来制定，确保保护措施的科学性和有效性。同时，也可以考虑将所有类型的保护区的保护手段、分管部门、权责划分等纳入一部高位阶的法律当中，形成一套统一、系统的法律体系。在这部法律之下，可以针对不同种类野生动物的栖息地制定更为具体的保护办法，以确保每一种野生动物的生存空间都能得到充分的保护。这种法律形式与我国现行的野生动物分部门管理的形式相契合，各部门可以根据自身的职责和专长，分别组织起草针对各自领域内野生动物栖息地的保护办法。这样不仅能确保各项保护措施的专业性和针对性，还能促进各部门之间的协作与配合，形成合力，共同推进野生动物栖息地的保护工作。

2. 构建单独统一的自然保护区管理机构

目前而言，建立一个国家层面上提供管理、检验检疫、交流学习的自然保护区机构十分重要，特别是在保护随季节产生迁徙的野生动物则更需要这样统一的机构去协调，由此在国务院之下成立独立的自然保护区管理局，各个地方设立自然保护区管理机构是解决问题的不二法门。

除此之外，在统一机构之上建立统一野生动物栖息地保护网络也十分有必要。目前，我国的管理体制是多个部门在其权限范围内针对各自负责的领域进行分割式管理，各个地方的野生动物栖息地管理也是各自为政，导致同样类型的栖息地保护问题在不同的保护区发生而不自知，如果建立一个完整的互联网野生动物栖息地保护渠道，那么各个部门各个地区之间就可以实现信息的共享和经验的互鉴。

3. 吸纳培养具备专门知识的管理者

野生动物栖息地的保护是一项复杂而艰巨的任务，它要求管理者不仅具备对野生动物习性的深入了解，还需要对其生存环境进行专业的评估和规划。因此，在每个自然保护区，都必须吸纳和培养具备专门知识的管理者。这些管理者应该具备丰富的生态学、环境科学和动物保护学知识，能够熟练运用现代科技手段进行生态监测和数据分析。他们应该熟悉野生动物的习性和行为模式，了解它们对栖息地的需求，从而制定出科学合理的保护策略。同时，要注重管理者的培训和发展。通过定期的培训和学习，让他们不断更新知识和技能，提高管理水平。可以与高校、研究机构等合作，邀请专家学者为管理者授课，传授先进的保护理念和方法。

（三）优化野生动物人工繁育法律保障环境

第一，在野生动物和人工繁育野生动物的界定上，需要进行更为精准的划分。这不仅仅是为了指导单位和个人进行合法的人工繁育活动，更是为了从源头上确保物种的合法性。我们应进一步完善人工繁育标识制度，使每一

只经过人工繁育的野生动物都能得到明确的身份认证。同时，我们还需要对人工繁育的野生动物进行“商业性”和“公益性”的明确区分。这种区分至关重要，因为它直接关系两种不同用途野生动物的管理策略。以科学研究和生态保护为目的的人工繁育，应当坚持非营利性的原则，其保护的重点应当放在“实验动物”的法律规范之上。对于这类人工繁育活动，我们可以在严格规范实验数量和质量的基础上，适当放宽对其税收费用上的约束，并通过政府奖励的方式鼓励科研技术成果的产出。

第二，加大对违法行为的处罚力度。目前，对于未取得人工繁育许可证繁育国家重点保护野生动物的行为，我国的处罚措施相对单一，主要包括没收野生动物及其制品，并处以野生动物及其制品价值一倍以上五倍以下的罚款。然而，在涉案野生动物数量及其制品数额较小的情况下，这样的处罚往往无法起到足够的震慑作用。因此，需要增加限制人身自由的行政处罚，并适当提高财产性处罚的幅度。同时，我们还应明确财产性及人身性处罚的标准，确保处罚的公正性和合理性。

第三，加强行政许可的后续监督。有关部门应当建立起一套点面结合的网状监督体系，对获得人工繁育许可证的单位和个人进行全方位、多层次的监督。对于超越许可范围和许可期限非法进行人工繁育的单位，应当依法予以取缔，并追究相关责任人的法律责任。此外，还应建立信息共享和协作机制，加强与相关部门的沟通协调，形成合力共同打击野生动物非法繁育行为。

第二节　涉农作物种子权益的行政法保护机制

一、涉农作物种子权益的界定

涉农作物种子权益的行政法保护涉及的主要客体即为农作物种子，行政机关围绕农作物种子及其相关权益实施行政行为，以达成权益保护的目的。《中华人民共和国种子法》（以下简称种子法）指出，农作物种子，是指农作物和林木的种植材料或者繁殖材料，包括籽粒、果实、根、茎、苗、芽、叶、花等。因此，种子分为两大类别：一类为农作物种子；另一类为林木种子。

涉农作物种子权益是指农作物种子涉及的相关权利和利益，其保护涉及多个环节、多方主体，是综合性权益，种子法的章节设计体现了此种综合性。

种子法以种质资源保护、育种、生产经营以及使用等为规范设置的脉络，对不同阶段涉及的各方主体的权益保护及责任确定进行了规定。涉农作物种子权益的行政法保护依照该权益体系的组成主要包括育种者权益中的研发、获得品种权等权益，生产经营者权益中的开展种子生产经营活动、取得预期效益等权益，以及使用者权益中的留种权、购买获得种植所需种子等权益。种质资源保护阶段的行政行为则主要服务于育种研发过程利用种质资源的需要，是育种者研发权益的前端延伸，主要为育种阶段的权益保护提供原始的种质资源材料，为育种科研工作的开展提供必要的生物遗传资源。故而种质资源的行政法保护是后续涉农作物种子权益保护的前提。涉农作物种子权益涉及种子从研发育种到生产经营再到使用的综合性权益，涉农作物种子权益的行政法保护涉及范围广，相关制度规范繁多，存在进一步细化和分析的必要和空间。

二、涉农作物种子权益行政法保护规范现状

农作物种子有其内在的生长及发展规律，种子法在遵循自然规律的同时对涉及种子的制度规范进行阶段性划分，形成现有的农作物种子保护制度流程，该流程主要包括种质资源保护、育种、种子的生产经营以及使用。种质资源是种子上承载的重要遗传资源，对种质资源开展保护为后续改良品种提供遗传资源基础。育种是考虑社会发展的需要，突破自然条件的限制，对品种加以改良并不断提高种子质量的阶段。种子生产经营则主要涉及种子在市场上的流通问题，围绕种子生产主体、经营主体及其相关行为开展制度设计。种子使用作为末端环节则主要关注使用者权益的实现及其行为的规范，明确使用者的权利与义务。

针对涉农作物种子权益这一权益综合体开展的行政法保护，同样在上述流程中有所体现，呈现全过程保护的特征。在种质资源保护阶段，农业行政机关通过种质资源的保护为后续阶段主体权益的实现提供物理基础；在育种阶段，权益保护目标主要通过农业行政机关对农作物种子品种审定与登记、植物新品种权授予等方式实现；在种子生产经营阶段，行政法保护主要通过生产经营许可、种子检疫、质量检验及经营审查等方式进行；在种子使用阶段，种子权益的保护主要通过赋予留种权的方式实现使用者权益保护的目标。

（一）种质资源保护阶段规范

种质资源保护是包含资源收集、保存、登记以及后续开发利用等在内的阶段，其针对农作物种子上承载的遗传资源进行保护和利用，为后续育种、使用等主体权益的实现提供可供利用的资源基础。种质资源的开发及利用对后续育种者利用相关资源研发新品种获益、生产经营者销售获利以及使用者种植新品种而获得更高经济效益等权益的实现具有基础性作用，在农业现代化进程中，运用农业科技手段实现农业的稳定、高效发展，突破现实条件如土地资源有限、水资源空间分布不均等的限制成为发展趋势。

农作物育种的目的在于通过技术手段改良农作物的品种特性，培育高品质作物，育种创新符合现代农业发展的需求而成为大势所趋。而依据植物新品种权的特性，育种创新往往建立在对现有农作物品种及种质资源的研发之上而非创造性地制造新品种。现有育种过程使用的选择育种、杂交育种、单倍体或多倍体育种方法及原理均建立在对现有种质资源不同程度的开发和利用之上。不同种子上承载着各异的种质资源或称遗传资源，由于各国地理环境、气候条件等存在的差异，各国种子上的遗传资源亦呈现多样性，其获取及惠益已逐步为众多国家所重视，现有种质资源的保护逐渐显露出其战略地位。我国农业行政机关主要针对种质资源保护开展许可及登记等工作，确保种质资源保护的规范化，并逐步建立种质资源库，为种质资源收集保存及后续开发利用、实现育种者、使用者等各方权益提供资源及技术性支撑。

1. 种质资源保护中的行政许可

依据种子法的规定，国家明确保护种质资源的目标，对种质资源开展普查、收集以及交流利用等工作，并且明确种质资源具有的公共属性，设定依法开放及利用种质资源的任务要求。目前，我国行政机关对种质资源的保护主要通过行政登记及行政许可的方式实现。种子法对种质资源的特定收集行为设置了前置性许可要求，具体包括涉及特定珍贵稀有或濒危的保护目录内的种质资源收集应获得农业行政主管部门的许可，以及涉及向境外机构、个人等提供种质资源或与境外机构、个人合作开展研究的，均需获得行政主管部门审批。农业主管行政机关依据申请作出审查，主要审查申请内容是否符合野生植物名录规定的农作物种质资源保护的要求，作出许可或不许可的行政决定。

2. 种质资源保护中的行政登记

除前置性行政许可外，种质资源保护的重要环节即为种质资源的登记及保存工作。行政登记机关经过普查收集及整理鉴定等前置环节，开展登记保存工作，并制作种质资源目录以供社会公众查阅。行政登记是其中具有决定性意义的环节，种质资源能否取得行政主管部门的认定必须经由这一环节确认，且行政登记的过程亦须进行评定，确保登记行为确认的客体符合确认标准。

依据种子法规定，农作物种质资源的登记以后续种质资源目录的建立及公布为目的，种质资源登记是以产生向社会公开、便于公众利用并进一步产生转化价值为导向的。登记行为实际产生的客观效果亦是进一步制作种质资源目录及数据库，便于开发和利用种质资源，而不产生其他的义务约束或创设新的权利等效果，若依照行政行为是否具有法律效果为标准将行政行为分为行政法律行为和行政事实行为，则该登记行为的性质应属一种行政事实行为。农业行政主管部门通过行政登记这一行政事实行为的实施，为农作物种质资源保护提供了必要保障，实现种质资源保护阶段的保护优先、政府主导原则，为后续育种、生产经营及使用等各阶段开发和利用种质资源，进而实现各方权益提供规范化基础。

（二）育种阶段规范

农作物育种是通过科学方法不断改良农作物性状，提升种子质量的系列行为。农业行政机关在育种阶段主要围绕种子的新品种，实施品种审定与登记、植物新品种授权行政行为，在平衡各方利益的基础之上确保育种创新目标的实现。

1. 农作物品种审定与登记

与农作物种质资源登记制度不同的是，品种审定与登记是农作物种子后续推广的前置性资质审核。农作物种子可推广的范围取决于其通过的审定及登记的级别。品种审定及登记是新品种种子进入市场前的资格审查，处理的是品种是否适宜在市场上推广的问题，其目的主要在于获取新品种种子推广的资格，是农业行政机关为新品种种子设定的市场准入制度。品种审定与登记制度对行政相对人后续推广农作物种子的权利产生了影响，为相对人设置了前置性审定或登记的义务，否则其后续由推广产生的利益将无法取得。基于此，农作物品种审定与登记以设定行政许可的方式确保所推广种子的质量及各方面条件符合向市场推广的要求。品种审定与登记的主要目标在于确保

市场流通的农作物种子符合品种权益保护的要求，规范农作物种子市场秩序。

按照种子法及《主要农作物品种审定办法》的有关规定，农业行政主管部门下设的种子管理机构负责品种审定工作，依据品种审定标准开展初审及复审，并配套有明确的国家级或省级审定标准。近年来，各级品种审定委员会对于主要农作物的品种审定标准逐步开展修改工作，对优质、绿色和专用等类型品种指标加以细化，并在符合种业发展规律的前提下适当弱化产量指标的要求，减少单纯追求产量的倾向，而转向鼓励和引导研发绿色优质的新品种。《非主要农作物品种登记办法》明确品种登记的职责由省级农业行政主管部门履行，开展书面审查及认定，在此基础上需报国务院农业农村部登记公告。现有农作物品种审定与登记为保障种子市场的秩序以及相关育种者权益提供了前置性规范基础。

2. 植物新品种权授予

以品种审定及登记作为农作物种子推广的前提条件是确保后续种子权益有效保护的重要手段，除此之外，育种阶段权益保护的另一重要制度规范即为新品种保护制度。我国对种子的新品种保护主要通过植物新品种权的授予实现，以行政特许的方式将农作物植物新品种权授予特定个人，并排斥他人侵害。按照种子法及《中华人民共和国植物新品种保护条例》的相关规定，国务院农业行政部门负责农作物新品种权申请的审批及授予工作。农作物品种获得植物新品种权以具备种子法所规定的新颖性、特异性、一致性、稳定性为条件。农业行政部门行使许可权，必然涉及许可标准及条件。为此，《中华人民共和国植物新品种保护条例实施细则（农业部分）》对于繁殖材料的数量及质量均作出了规定，农业行政主管部门需依据规定开展审查工作，依据申请人提供的相关数据及资料进行审查确定后，还需使用该繁殖材料进行 DUS 专业测试，在测试结果符合规范要求的点位数的情形下才可授予品种权。

我国现有农作物种子新品种保护制度以相对明确的权利主体规定为主要内容，落实主体职责，逐步完善新品种保护条件及具体认定标准，为农作物新品种权益保护工作的有序开展提供了规范基础。

（三）生产经营阶段规范

生产经营阶段的行政法保护主要围绕质量保障展开，质量保障是种子权益保护的重要内容之一，农作物种子各方主体的权益建立在种子质量得到保障的基础之上。要实现各主体种子权益的行政法保护目标，现有制度规范从保障种子质量入手，实行种子检疫、质量检验、经营检查，以质量保障的实现确保权益保护的达成。农作物种子生产经营是包含种植、采收、包装、标识、销售及进出口种子等诸多内容的活动。

生产经营阶段的司法个案颇多，且涉及植物新品种权纠纷的案件二审审理层级高，为最高人民法院，这为该阶段部分纠纷的解决提供了一定的参照。但司法保护主要针对平等主体间的民事关系开展保护，为平等主体间权益纠纷的解决提供了社会广泛认可的事后救济渠道。尽管司法保护中的个案裁判具有终局性特征，但个案裁判往往针对已经发生的特定纠纷，并不具有一般性特征，加之个案裁判中对于相关事实及影响因素的认定专业性要求高，事后救济无法回溯至权利未受到侵害的状态且耗费大量时间成本及经济成本，仅通过司法保护渠道无法满足权益保护的现实要求。

公益导向的行政保护则以全方位的事前、事中及事后监管活动的开展，呈现主动保护、灵活高效、整体协调的特征，体现出行政保护的优越性。依据 2021 年农业农村部发布的第一批行政执法指导案例，生产经营假冒伪劣种子行为一直是农业农村部门执法的重点。农业主管部门对种子的监督管理负有责任，承担质量检验、打击生产经营假、劣种子的违法案件、开展具体的种子行政执法工作等职责。相关的行政法保护主要由事前许可、事中执法检查以及事后强制等构成。

1. 农作物种子生产经营的事前许可

论及事前许可环节，自种子法修改以来，我国农作物种子生产经营许可实行“两证合一”制度，原有的生产许可证及经营许可证分开授予的情形得到改变，两类许可证合并为种子生产经营许可证，欲从事种子生产经营的相关主体须事先获得生产经营许可。该项合并工作体现了行政改革中简政放权的要求，同时在一定程度上减轻了相关主体的办证负担。并且，种子生产经营许可证的取得不再要求县级或省级主管部门的审核，仅直接由责任部门核发，一定程度上避免了两级主管部门间的权责交叉。

种子生产经营许可证主要分为四大类，其分类主要参照种子类型的不同而进行。为顺应种业育繁推一体化的发展趋势，明确行政机关颁发育繁推一体化许可证的职责，并考虑育繁推一体化发展的现实需求，要求申请许可证的主体须具备相应的科研设备及人员等条件。另外，转基因农作物种子生产经营许可的相关规定也被纳入规范内容，明确企业申请转基因农作物种子生产经营许可证的，除提供与其他类型许可证要求的人员、设施等条件外，还

需以取得农业转基因生物安全证书为前提。现有农作物种子生产经营许可制度对生产经营主体资格的确认、保障参与农作物种子市场有序具有重要作用。

2. 农作物种子生产经营的种子检疫

前置性生产经营许可制度为保障农作物种业市场稳定、确保种子质量安全提供了事前规制及预防手段，种企等相关市场主体出于逐利的目标仍然可能不按照规范规定的内容而行为，仅依靠事前制度规范无法规避行政违法行为的产生，需要配合以有效的过程性行政执法手段及事后强制手段，确保制度运行效果的达成。“行政执法”一词内涵丰富，有多种使用方法，其各自适用的场景不同，如为说明现代行政的功能及性质而使用、为区别行政的不同内容而使用以及作为行政行为的一种特定方式而使用等。此处提及的行政执法是指农业行政机关在种子生产经营阶段开展的监督管理活动，归属于农作物种子生产经营的事中监管阶段，并不包含行政实务上常一同论述的行政处罚及采取行政强制措施等，仅讨论过程性的监督管理活动。我国现有规范针对农作物种子生产经营阶段的行政执法规范主要包括种子检疫、质量检验、经营检查等。

依据植物检疫条例的现有规定及农业行政机关下属植物检疫机构的职责履行状况，检查检疫工作的开展主要通过引种检疫、产地检疫、调运检疫等方式进行。产地检疫是农作物种子研发培育所属地区的农业行政机关须对种子种苗承担的检疫职责；调运检疫是指农作物种子、种苗及其他繁殖材料不论是否列入应实施检疫的目录之中，在调运之前均需经过检疫，以避免可能存在检疫对象的种子种苗传出；引入检疫则是指从国外引进的种子种苗需向引入单位所在的省级检疫机构提出检疫申请，经过检疫审批符合条件后可获得检疫合格证明，但可能潜伏有危险性病、虫的种子须另外进行隔离适种，证明无危险性后方可分散种植。种子种苗检疫工作的开展以省级辖区主管为常态化，在必要时开启全国联查专项执法模式，以提升行政执法的有效性。

3. 农作物种子生产经营的质量检验

相较于种子检疫的防疫目标，农作物种子质量检验的目标在于保障种子生产经营者及使用者的利益，避免因不合格种子的流通及使用而使生产过程产生损失。

为了确保种子优质高产目标的实现，我国农业行政主管部门制定了农作物种子质量标准，以实施明确的国家标准的形式，确保质量标准规范的统一性。种子质量检验及监督在种子生产经营的不同阶段侧重点有所不同。在质量检验阶段，相关检验工作开展的目的在于对种子质量进行普遍性评价。种子质量检验的指标包括扦样、发芽率和品种纯度等，并依据种子纯度将种子质量等级划分为原种、一、二级良种以及不合格种四个等级。无法满足净度、水分及发芽率三项指标中的一项则无法通过质量检验，视为不合格种。常规性种子质量检验工作的开展还包括对田间粮食作物开展质量检验，以跟踪式记录和管理的方式保证粮食作物种子生产田质量检验情况可溯源，以实现保障粮食安全的目标。

国家农业行政机关出台《农作物种子质量检验机构考核管理办法》，在保证农作物种子检验机构检验能力达到标准的同时规范检验机构的相关行为。在种子正式销售或处于待销售状态这一阶段，农作物种子行政主管部门对生产经营的种子开展种子质量监督抽检，此种抽检是指从市场上销售或待销售的成品种子中样品，查处不合格农作物种子，保障种子质量达标。前端种子质量检验及监督抽检等环节的设置难以完全避免违法企业制售假冒伪劣种子，而基于农作物种子质量检验的专业性，种子质量问题隐蔽性强，往往在后续使用及种植阶段才得以发现。在这一阶段的种子质量执法需依照当事人申请进行，由农作物种子使用者向农业行政主管部门提起种子质量鉴定申请，该阶段的种子质量鉴定监测主要的着重点在于评估种植过程中质量问题的产生与种子质量本身的关联程度，并进一步确定在田间种植过程中发生的质量事故种子生产经营者的责任分配状况，因田间种植影响因素颇多，该阶段质量鉴定工作的开展难度较大，对农业行政机关的专业要求亦较高。

4. 农作物种子生产经营的经营检查

农业行政机关则主要针对市场种子经营主体的经营资格、实际经营状况等开展种子经营检查工作，其本质亦在于通过对种子经营主体的规制保障种子质量。但相较于直接开展的质量检验及监督工作，种子经营检查针对经营主体的相关经营行为展开，以检查达成规制主体行为的目的，间接服务于质量保障要求。

依据《种子法》的规定，种子生产经营者须建立生产经营档案，对生产阶段的生产地点、地块环境、田间检验等生产数据以及经营阶段的种子来源、加工、质量检测等环节的具体情况及责任人进行记录，以确保质量检查的溯源工作高效开展，并防止种子经营主体以假冒伪劣种子代替正规种子进行售

卖。种子品种权的保护在生产经营环节亦以行政检查及监督的方式开展，是对育种者切身利益的保护。作为流通于市场的产品，种子经营过程对种子包装及标签提出了明确要求。《农作物种子标签和使用说明管理办法》规定种子标签与使用说明应注明作物种类以及农民自繁自用的常规种子有剩余的检疫证明编号等相关标签信息及使用信息，以确保种子经营中标签监督检查工作的规范开展。同时，该管理办法对行政监管与检查的侧重点作出规定，突出种子标签和使用说明所应具备的真实性而不得作虚假或引人误解的宣传；强化风险信息及技术服务信息等的明示要求，以进一步保障种子使用者的知情权，使种子经营与使用双方处于相对平等的信息获取状态，避免因信息差而导致使用者权益受损；推行种子标签标注信息代码制度，以科技手段的支撑确保监管的高效进行。

5. 农作物种子生产经营的相关责任确定

针对过程性的监督执法活动，在事后法律责任确认的过程中，种子法规定对农业行政机关对行政许可申请的不作为或针对违法行为信息的不当行政行为需得到责令改正，并依据行政责任分配情况作出处分、职业禁止等内部行政行为。针对质量检验机构的违法出具检验证明等违法行为，农业行政机关依据违法状况可以作出行政命令或行政处罚的方式要求质量检验机构承担违法责任，具体包括责令改正、处以罚款、没收所得、撤销检验资格等。以上由种子法明确设置的事后控制及问责手段涉及农作物种子生产经营的许可审批环节、事中质量检验及经营行为检查等环节，主要针对所涉及环节中出现的违法行为开展问责，就问责制度的完整性而言，具备相当程度的完整性，基本满足督促农作物种子生产经营阶段所涉及的行政机关履行相关职责的要求。

种子生产须执行生产技术及相关检验、检疫规程，确保种子的净度、纯度及发芽率等指标符合要求，并明确了农业农村主管部门对生产经营者的指导和支持职责，要求行政主体承担起推进农作物种子工艺改进及质量提高的责任，相关行政职责的履行机制有待进一步完善。

针对农作物种子生产经营主体的违法生产经营行为，种子法主要通过行政处罚的设置对相关主体进行处理，具体包括责令停止生产经营、罚款、没收违法所得、吊销生产经营许可证等行政处罚，依照对违法行为的违法程度及其所造成的后果的不同划分，施以威慑程度不同的处罚方法，明确生产经营主体对违法行为所应承担的法律责任。又由于该阶段的违法行为常涉及对他人植物新品种权这一民事权利的侵害，农业行政机关以责令停止假冒或侵权行为的方式促使相关违法主体承担民事责任。现行种子法提升生产经营假、劣种子的行政处罚额度，加大对生产经营假、劣种子的处罚力度，表明我国农作物种子产业发展的行政保护力度正逐步加强，相关制度规范亦处于更新和完善的进程之中。

（四）使用阶段规范现状

育种阶段的品种审定以及生产经营阶段的许可审批、质量检验及经营检查等前置性行政行为，有助于农作物种子质量保障目标的达成，进而对种子使用者的权益保护产生正向效用。除前置性行政保护外，为推动农作物种业的发展，实现种业振兴的目标，以直接赋予农作物种子使用者相关权益的方式，激励种子使用者使用种子，才能为育种者提供农作物种子在具体种植过程中可能出现的性状变化或质量问题等数据参考，进而推动农作物种子研发及育种的优化和创新，实现种业振兴的发展目标。为此，种子法相关规定保护种子使用者所具有的一般性权利，如占有、使用、收益、处分等，明确种子使用者同普通消费者一样，有权按照自己的意愿购买种子，不受他人干预。种子法规定种子使用者因种子质量问题或者因种子的标签和使用说明标注的内容不真实，遭受损失的，种子使用者可以向出售种子的经营者要求赔偿，也可以向种子生产者或者其他经营者要求赔偿。属于种子生产者或者其他经营者责任的，出售种子的经营者赔偿后，有权向种子生产者或者其他经营者追偿；属于出售种子的经营者责任的，种子生产者或者其他经营者赔偿后，有权向出售种子的经营者追偿。

留种权，是指农民留存种子和种植免受品种权人追究的权利。并且，种子法规定农民自繁自用的常规种子有剩余的，无须办理种子生产经营许可证即可在当地集贸市场上销售、串换。除请求侵权损害、留种等一般权利外，在农村土地所有权、承包权、经营权“三权”分置且鼓励流转的情形下，土地流转格局逐步形成，随之而来的是除普通个体农户外的家庭农场、专业合作社等新型农业生产经营主体的大量涌现。为此，农业农村部出台意见对种子法关于农民条款的适用及其他相关条款的适用作出进一步说明，意在确保农民留种制度的有序实施。

三、涉农作物种子权益行政法保护的制度完善

（一）种质资源保护阶段的制度完善

针对种质资源行政法保护不足、种质资源库建设行政指导不足的现实困境，种质资源行政法保护制度的完善应从配套制度的完善及地方种质资源库建设初期行政指导的增强着手，逐步完善种质资源行政法保护的制度体系，提升种质资源保护的专业性支持、减少资源浪费。

1. 完善种质资源保护配套制度

种质资源保护为育种工作的开展、后续种子权益的取得提供基础，针对现有种质资源保护行政法配套制度及资源保障不足的困境，应完善种质资源行政法保护的配套制度，为种质资源保护提供配套制度支撑，以更好地实现对后续阶段涉农作物种子权益的保护。

农作物种质资源保护的政府责任已得到现有法律规范及制度体系的确认，而具体行政保护活动的开展涉及多层级行政主体，最根本的是要确保种质资源的收集、登记等工作在基层行政资源相对不足的情况下得以有序开展。为此需以明确的行政任务为导向，合理配置财政、技术、人员等配套保障制度，在此基础上构建科学高效的行政保护体系。

2. 完善地方种质资源库建设初期行政指导

种质资源库的建设是种质资源得以有效利用的基础性工程，种质资源的收集仅是种质资源保护的特定步骤，后续鉴定、保存及利用的实现均需依赖种质资源库的建设，故而应增强地方种质资源库建设的行政指导。地方种质资源库建设已具备制度化基础，但在具体建设过程中，由于地方种质资源保护专业能力不足，对全国种质资源库的建设情况及本地的实际需求把握不足，出现了重复建设的问题，故而在地方种质资源库建设初期应开展一定的行政指导。

在国家种质资源库初步建成的基础上，引导地方依据其农业发展的既有资源和特色产业，针对性建立地方种质资源保护库，在避免重复建设的同时达成资源利用的效益目标。种质资源库建设行政指导工作可先行指导地方分析本地农业发展的产业特色及优势，确定种质资源库建设的大体方向，确保种质资源库建设可使地方的产业发展获得较大收益。在此基础上进一步细化指导工作，降低地方建设成本。

（二）育种阶段的制度完善

农作物种子育种阶段的权益保护对于激励创新、平衡各方利益具有重要作用。农作物种子的权益授予及后续监管涉及的并非单一主体的利益，还关涉农民权益及社会公共利益的实现，需注重利益平衡的机制建构。为实现激励育种原始创新的目标，国家农业行政机关可探索农作物育种科研专项支持机制及种企税收激励机制的建立，实现创新激励效果。

1. 强化品种审定及授权实质性审查

随着实质性派生品种制度通过种子法修改得到确立，农作物种子品种审定及品种权的取得过程将进一步增强对种子特性的实质性审查。但目前，实质性派生品种制度的认定标准、许可办法等具体步骤及方法等法规规章尚未进一步制定，制度实施过程仍将面临实施性审查标准不明确的现实问题，农作物种子品种审定及授权过程应逐步强化实质性审查的意识。国家农业行政机关还应根据实质性审查所需的设备、技术及人员等条件先行配备审查所需条件，以确保审查方法及标准得到明确后，审查工作可同时获得成效，减少品种同质化现象，保障相关主体涉农作物种子权益。

2. 深化品种权授予及监管中的利益平衡

从本质上来说，种子科研机构及企业与农户间的利益博弈贯穿农作物种业发展行政法保障的始终，制度完善过程中应平衡权益涉及的各方利益。行政法保障的开展只有建立在利益平衡的基础之上，才能获得合法性基础。利益对立间的调整及安排，多依靠立法手段来实现的，并且会随着历史或偶然性的不同产生位序安排上的变化。育种科研机构及企业以较强的创新能力和科研能力占据优势地位，其研发及生产经营行为确能为种业发展带来更大效益，作用效果明显。目前，我国种子发展要求增强育种创新激励，故而相应的制度安排难免出现侧重育种者权益的倾向，承认育种者权益需要得到全方位保护并不意味着农民等种子使用者的权益保护可以因此偏废。

立法框架的建构过程也是价值判断及利益选择的过程，需要确定包容及从实践需求出发的立场，确保利益平衡和问题解决的效能最大化。除完善育种者权益保护制度、监督和规制育种研发主体相关生产经营行为外，亦须细化和修正留种权保护制度。由于立法是一般性的和指向未来的，所以一项成文法规可能会不足以解决一起已经发生利益冲突的具体案件。故而在具体的行政处理过程中，相关权力主体亦应贯彻此种利益平衡原则。尽管具体个案

中并不一定涉及原则与原则或原则与规范间的冲突，但常常涉及不同主体间的合法利益衡量，权力主体需得先进行一定的利益判断和权衡而后作出适当处理。

3. 完善创新激励机制

就现有农作物种业发展行政保护的目标而言，亟待实现的为激励创新目标，最新修改的种子法及《植物新品种保护条例》修订草案均增加了“激励育种创新”这一目标要求，并明确支持科研院所及高等院校重点开展育种技术研究。

种子作为农业的芯片，对增强我国育种创新能力确实有不可忽视的重要作用。增强育种创新能力意味着把握种子产业的命脉，要求考量全方位因素，做到多措并举。植物新品种创新成果的实际产出效能，受到人员、资金、固定资产以及制度保障等综合因素的影响。并且，不同区域的不同创新要素对创新的作用效果存在显著差异性。要推动育种创新，保障农作物种子育种者权益、提升保护水平是关键举措，同时，加大科技活动经费等项目支持，增加科研相关固定资产投资亦是不可或缺的部分。与其他城市基础设施等固定资产投资可能带来的资产贬值、财政损耗不同的是，科研相关固定资产的投入为创新能力的提升及支持产权的转化提供基础性支持，将对财政状况的改善和现金流的增加产生正向作用。目前，植物新品种的保护期限有所延长，在现有的品种权保护制度中纳入专利制度的相应内容，如权利穷竭原则等，回应技术创新的保护要求。除此之外，创新激励机制的建立离不开专项支持的提供以及税收政策支持等的同步推进。

种子法明确国家鼓励和支持开展系列基础性以及前沿性应用技术研究和生物育种技术研究。农业育种研究的基础理论研究部分属于育种研究的前端，一般开展育种相关的基础性研究，从而为后续的应用和开发提供理论基础，该阶段的研究及创新主体主要为科研院所、高等院校等。要对相关主体的基础研究活动产生直接的激励作用，专项科研支持机制的建构不可或缺。此种支持不仅表现为资金、设备等的物质支持，还应包含人才引进及相关保障政策。

创新激励的一大方式——产权激励，它以稳定的制度建立人们对自身行为的收益预期，并以此为依据来决定投入方式和强度，科斯定理还以产权给定是否清晰作为变量来判断能否达到资源优化配置的效果。同样，作为创新激励方式的科研专项机制的建立无法仅依靠现有种子法规定的“鼓励支持”内容达成激励效果，仍需以明确机制的建构达成所欲达成的目标。育种科研专项支持机制的建构应明确支持范围、条件以及具体申请程序，并依照科学选取、严格把控、公开公正的原则选取获得支持的项目，确保成果产出的高质有效，为后续育种研究成果的应用和研发提供有效理论支撑。

此外，科研专项支持机制的清晰建立应同时注重支持公益研究的开展。科研院所、高等院校作为公共事业单位，其成立之初就具有一定的公益性质，应承担相应的公共责任。对科研院所、高等院校申请科研专项支持的条件设置而言，应设置公益性项目与营利性项目的申请比例，鼓励科研院所、高等院校等事业单位在基础性研究之余开展一定比例的公益性研究，以推动育种公益性研究的发展，引导科研院所、高等院校承担公共责任。

在前端基础性理论研究的基础上，育种研究的后端为应用开发研究。种子法鼓励种企充分利用公益性研究成果培育优良品种，开创产学研相互结合的种业技术创新体系。此种体系的构建能够实现多主体间的相互合作，深化育种研究者间的利益共享和风险共担机制。基础理论研究成果要得到转化，即需要种企积极作为，积极构建产学研相结合的创新体系。创新体系的构建需更多以市场为导向，善用种企发掘商业需求的优势。要激励种企积极作为及产学研体系的构建，应建立完善的税收激励机制。尽管现有育种产业的发展不再呈现政府主导的态势，而是强调以市场为导向，但市场导向并不必然排斥政策引导，我国政府作为种业技术创新体系构建的支持者和鼓励者，以具备一定吸引力的政策优惠引导企业和市场发展大方向仍是必要之举。

育种领域的激励政策可类比适用知识产权领域的税收激励政策，适当调整种子企业的货物与劳务税、企业所得税的缴纳政策，在种企的特殊发展阶段进行税收政策的相对灵活运用，降低种子企业的整体运行成本，为种子企业效益的实现和后续创新投入的增加提供基础。同时，对于产学研相结合的研发主体，通过种子繁育推动一体化专项项目的设立，为高等院校及科研院所等的快速和高效发展提供直接的项目资金支持，鼓励种子企业研发高质稳定可推广的新品种，减少对国外优质种子的依赖，推进优质种子的本土化发展。

（三）生产经营阶段的制度完善

针对农作物种子生产经营阶段存在的生产许可范围界定不合理、农业转基因种子监管制度不完善困境，以及检验检疫等行政执法困境，应完善相应的行政法保护制度，提升权益保护的成效。

1. 重塑生产许可范围

依据种子法中“只从事非主要农作物种子和非主要林木种子生产的，不需要办理种子生产经营许可证”的规定，生产许可范围仅局限于主要农作物，应予以必要的许可范围重塑。由于非主要农作物种子的涵盖范围颇广，可能表现为果实、根、茎等形态，在其种植直至出售具体产品之前，无法确定其种植行为系出于单纯销售果实等产品，或名义上销售果实等产品实际上销售特定品种种子的行为。并且，为适应我国农民留种并利用所留种子进行下一年度农业生产的需要，允许非主要农作物种子的生产亦符合农民留种权的要求，仅在农民自用的范围内生产所需的种子而不用于经营得到法律规范的确认。故而，生产非主要农作物种子的行为无须获得许可，而仅需在经营种子时获得许可。但仅需获得经营许可则使得相关品种权的主体仅在经营环节接受法律监督及规制为涉农作物种子权益的保护增加了困难，应回归规范设置的目的及规范实施的现状。

就种子生产经营阶段而言，种子法施行的目的在于规范种子生产经营和管理行为，且由于主要农作物对社会运作的作用更为突出，其生产经营要求获得许可审批。而针对当前我国油料产能提升的需求，顺应农作物种子生产经营许可一体化的趋势，重新划定非主要农作物中经济价值及战略价值较高的农作物种子的生产经营许可范围，如将油菜、花生等油料作物纳入生产经营许可范围，并允许该范围随着社会经济发展而变动，以有效的前置性许可实现种子相关权益保障的需求，进而实现特定领域产能提升的现实要求，不失为行政法的积极应对。

2. 完善农业转基因种子监管制度

农作物种子生产经营环节中农业转基因生物监管的落实能够防范基因污染的风险、确保种质资源安全，其合法的生产经营行为有利于保障其他育种者及使用者的权益。农业转基因生物监管制度的完善需从种质资源保护、育种及生产经营等环节着手，在现有农业行政机关职能的范围内进一步细化转基因生物相关的监管规范，提升现有行政执法能力与转基因农作物监管间的匹配度，实现农业转基因生物全过程监管。对于转基因种子的使用和种植应逐步推进，行政机关应先划定规定区域允许种植，开展试点工作，探寻转基因作物种植的合理开放路径。适当提高农业转基因种子生产经营的准入标准，要求种企具备相应的技术并定期开展人员培训，确保转基因种子的生产经营满足规范要求。对转基因种子的使用及种植过程，应增大监管力度，对种植范围、隔离措施等内容开展严格监管。并且，由于转基因作物存在的特点，应要求种企承担比一般种子更为完备的售卖转基因种子的“售后责任”，实现种子生产经营者与使用者间的责任联结，确保责任可追溯。

此外，为控制信息不对称依法转基因作物投入市场后的风险，防止大规模的恐慌及排斥，农业转基因种子相关的信息公开及公众参与机制应当得到建立，通过非强制的外部监督形式确保农业转基因种子的研发、生产经营及使用等行为可能涉及的权益得到保障。尽管该外部监督不具有如同行政监管般的强制性，但其实行成本较低，且有助于通过公众监督提升公众对其他监督监管的信任度和满意度，产生较强的实际效用，防范信息不对称及公众权益保障不及时造成的后续风险。

在农业转基因种子相关领域，为满足社会监督开展的要求，以信息公开为主要形式的监督体制仍需进一步完善，通过明确标识义务的履行以及行政机关认定、许可等信息的公布，保障公众的知情权和监督权。在信息公开的基础上，公众参与的实现路径在于使公众参与到与其切身利益相关的具体行政行为中，保障自身权益。对于提升公众对相关行政决策及决定的理解度，保障决策决定的顺利执行等，公众参与亦具有正向作用。

要推动法律法规的充分适用和决策的全面落实，需要在前置性法律法规的制定、特定决策的形成阶段，以明确性的公众参与规定增强规范的理解度和决策的科学性，同时以确定的参与范围、方式及具体程序的规定，确保公众参与的有序进行，保证公众参与的同时亦符合行政效能的要求。在农业转基因种子相关的行政行为作出后，则有信息公开的要求，现代网络技术、新兴媒体的发展为信息的传播和受众面的扩大提供了基础性条件，要利用现有的传媒技术手段增加法律法规及政策规定的宣传和推广，对于行政许可、行政处罚等具体行政行为的作出，亦须利用现有的数据平台，保证数据真实可靠，同时确保数据查询的便利性。

就社会监督的实现而言，信息公开仅是监督实现的前置性程序，其最主要的作用在于为公众的意见反馈、参与监督以及权利救济等提供数据和资讯来源。公众在相关资讯的获取上处于天然的弱势地位，对相关抽象或具体行政行为的做出，若缺少信息获取的渠道或被告知的可能性，则公众权益受到侵害而无法得到救济的可能性将极大增加。前期信息公开需做到程序内容合法且规范，后期社会监督机制的构建将为公众获取信息后可能需要开展的权

利救济提供必要途径，核心仍在于为公众意见反馈或权利救济提供便利渠道，避免公众意见的忽略和公众权益的不当侵害。农作物种业发展涉及的主体多样，阶段众多，具体保护路径存在差别，需以科学适当的信息公开和反馈监督体系的建立为权益保护提供有效机制。农业转基因种子安全评价信息的公开以及生产经营许可的审批及公示等程序性要求应当落实到位，保障公众的知情权。

3. 完善检验检疫等执法体系

针对种子检疫工作开展困难等现实的执法困境，应以农业综合执法改革为契机，以任务为导向推动源头治理，完善行政执法体系，提升行政执法效能。农业综合行政执法相关体系的建构主要以设区的市或县一级的农业农村主管部门为主体基础，对伪造品种测试、试验、检验数据、侵权或假冒等行为进行行政处罚。尽管该指导目录规定农业农村主管部门为相关责任主体，也确定了现有农业综合行政执法涉及的核心事项，但执法作为行政程序的末端环节，其职权内容往往不仅仅关涉末端这一单一行政主体，农业农村主管部门开展农业综合执法改革仍需涉及现有市场监督管理部门、发展改革委等行政主体的相关职能。

国家机构的优化协调改革，蕴含着职责范围内外部行动的有效与高效。对于农业综合执法改革而言，同样面临着职能优化及建构协同机制两大任务。涉农作物种子权益保护的政府责任已得到现有法律规范及制度体系的确认，而具体执法活动的开展涉及多行政主体及组织，需以明确的行政任务为导向，构建科学高效的执法体系。行政任务导向的组织机构改革具有宪法及组织法基础，运用“任务—组织”范式，以行政任务为导向，构建更为科学合理的行政组织体系，实现组织设置与现实行政需求间的适配。明确现有任务及其合理实现路径，在具体行政任务的执行过程中，应以行政效能原则为价值导向，使任务履行符合产出与投入之比例要求的同时，实现价值权衡与协调的目标。通过源头式的组织架构布局及任务规划，将权益保护的末端性压力通过源头式治理部分化解，减少末端执法的压力。

从许可登记到监督检查等诸多环节，面对多过程的不同执法需求，职能优化应以涉种子权益保护的核心事项，明确改革后职权的变动及交接程序，为综合执法改革的平稳高效推进确立一定的制度基础。该协同机制的建构需同步推进综合执法及行业执法，在现有综合执法涉及的核心事项之外配套必需的行业执法，确保执法范围的全覆盖。

综合执法改革所涉及的不同行政主体间的信息沟通机制亦须同步建立，依托现有种业大数据平台，完善信息公开及获取机制，为末端执法提供必要数据参照。例如，种子的检验检疫制度的完善，应在现有种子档案建构的基础上，全面记录种子检疫情况，实现数据的可查可找，建立区域间种子检疫的联动的现实基础。

此外，应加快构建全国范围内的检疫信息公开体系，实现检疫信息编码及证明便捷可查，以信息共享减少资源浪费。涉及法律适用、政策指引等方面的疑问，上下行政主管部门间请示与答复机制的建立将提供专业意见支撑，执法专业事实的认定协助机制的建立亦具有解决基层执法困境的实际效用。针对现有执法人员、技术、资金等保障不足的情形，种业综合执法改革应注重配套保障制度的建构，以达成保障农作物种子质量、推动农作物种业发展的既定目标。

（四）使用阶段的制度完善

农作物种子使用作为相对末端的阶段，其权益保护状态直接关涉种子使用者的切身利益，需依据现有问题针对性进行制度完善。

1. 细化农民留种权制度

针对目前使用阶段的现实困境，需进一步完善农民留种权的相关规范和制度，细化权益主体及权益范围的分级和分类。种子产业的发展及土地权利的“三权”分置对现有“农民”的概念界定提出更高要求。土地所有权、承包权、经营权“三权”分置的发展推动了家庭农场、农村合作社等新型农业组织的出现，也对留种权所限定的“农民”主体的进一步界定提出了要求。

农业农村部部门规章将农民严格界定为农民个人，对其他新型农业组织的规模大小等因素不加考量，无益于小型农业组织的初期发展。对于人均承包耕地面积较少的地区，农民个人通过家庭联产承包制取得的土地承包经营权十分有限，无法仅依靠个人取得的土地承包经营权务农营生。

随着社会经济的发展，就业渠道的增加，部分农民外出务工，所承包的土地资源进入闲置状态，村民间承包权的流转成为常态，也符合提高土地资源利用率的要求。在人均占有土地资源较少的地区，此种村内流转的土地承包经营权数量有限，其受让的农户并不因此占有诸多耕地资源而成为种子使用中具有优势地位的一方，而是仍停留在小规模经营状态。故应构建合理评价体系，通过农民及家庭农场、农民专业合作社等经营主体前期信息收集机

制的建立，综合考虑农民及新型农业生产经营主体的生产经营规模、资源占有情况等因素，确定特定主体是否适用农民留种权的规定。利用有效的分级和分类制度的建构，保障特定主体的留种权利，推动各类规模各异的新型农业生产经营主体的全面发展。

与使用者权益相对的育种者及生产经营者权益的主体部分即为植物新品种权。作为类知识产权的植物新品种权同样具有知识产权所具有的公权属性，需要综合考量公共利益及社会利益的保护需求，避免因植物新品种权保护的缺乏或过度影响公共或社会利益的实现。在杂交种子上使用“终止子”技术，农民无法使用该类种子生产获得的种子进行二次生产，是尚未得到规制的技术手段。育种者广泛应用此类技术手段实质上产生架空农民留种权的效果，规避法律规范设定的农民留种权，破坏法律设定的平衡目标，应得到法律法规层面的规制。考量育种者及种子使用者间的利益冲突及核心利益，在此基础上设置合理让渡规则成为必需。

在种子产业市场化运行的前提之下，法律规制的正当化需依赖于能够被证成的政策目标及能够实现该目标的具体手段。一方面，规制的必要性体现于种子法规定农民留种权，而育种者作为占有优势技术资源的一方，利用技术手段规避法律规定农民留种权的实际适用，使农民具有的法律规定的正当权利陷于无法行使的状态，故而需要法律规范作出相应的回应。另一方面，要实现依法规制的目的，权力介入应秉持适度原则，避免因权力介入提高交易成本，降低资源配置的效率。育种创新推动种业市场发展乃至我国农业发展是被普遍承认的创新作用规律，公权力的不当介入对种业创新的发展将产生负向作用，故而需了解种业创新规律，在积极回应农民权利保障需求的同时，选取有代表性的地区开展试点工作，以对企业的扶持政策和激励政策为支撑，引导企业承担其对农民及社会所具有的社会责任，使其在占有大量社会资源和公共资源，获得较多便利的同时，亦能将此种支持和激励，转化为对农民权利的关注和适度保障。

根据种业及农业不同发展阶段的需要，规定农民留种权力等级，依据不同农作物研发的难易程度，对农作物种子植物品种进行科学划分，区分主要农作物、非主要农作物及纯经济作物等，细化留种权在不同类别作物上的范围和程度等级。

2. 促进价格监测及监管的常态化

价格监测是完善种子权益行政法保护的重要环节，具备常态化的现实要求。尽管种子价格实行市场调节价，但价格监测仍然是相关行政主体的法定职责。

从国务院现有机构设置来看，发展和改革委员会下设价格司负责监测预警价格变动，提出价格调控目标和政策建议；农业农村部下设种业管理司，创建全国种业大数据平台提供价格监测等系列公共服务；市场监督管理总局下设的价格监督检查和反不正当竞争局则主要负责组织实施价格及收费的监督检查、查处违法违规等行为，可见，种子价格监测工作的开展涉及多个行政主体。在价格监测事项上，多部门的权责范畴尚未有明确规定，多行政主体间的协同合作对价格监测的开展至关重要。现有市场监管体制改革主要涉及内部食品、药品、产品等生产经营活动的监管整合及机制重塑，而未涉及与其他部门间权力重合的厘清和具体分工。有效监管的开展理应由一级政府负总责的前提下由各职能部门协同完成。

政府开展价格监测的职责毋庸置疑，关键在于各职能部门间的协同合作。协同合作建立在各主体权责明确的基础之上，要完善规范中关于种子价格监测事项各部门负有的具体职责及协同地位，确保种子价格监测的有序开展。从一个窗口对外到综合执法改革，我国行政权力正逐步进行整合。整合与协作成为治理现有困境的必要步骤，不论是面对同一事项的权力分散或不同事项及环节的分工配合，整合而后分工是大势所趋。价格监测是现有种子监管的较薄弱环节，亦应遵循此规律，并进一步评估监测模型及体系的合理性，提升监测时效。价格监测职责的履行应贯穿生产经营及消费使用环节，以稳定种业市场的高站位需求为出发点，明确各主体职责，做好协调分工，依托全国种业大数据平台，确保价格监测信息的及时传递和简便易得，兼顾稳定市场的高站位和种子使用者的权益保障。

具体而言，应依托现有的大数据平台开展兼顾常态化监管与专项式监管的监管模式。种子价格的常态化监管是全方位监测和监管，要严格遵循监管的全面性、效能性等基本原则，落实监管配套保障措施，运用及整合多主体现有监管资源。

此外，依据种子育种、生产经营及使用的不同时期和不同种类，应开展必要的专项式监管及执法活动。有别于常态化监管，专项式监管应当是针对主要农作物或在特定农作时期开展的特定监管活动。专项式监管可以将地域性特征纳入其中，以省级农业农村主管部门的指导和领导为基础，引导各设区的市或县级主管部门整合分析辖区内农作物种子生产经营及销售规律，设

置合理专项式监管内容，增强监管针对性及有效性。专项式监管具有超常规治理的特征，需要注意风险把控及不正当联结的禁止，避免监管主体因短期内的绩效要求或前期启动程序缺乏合理性审查等因素陷入不当境地。应当以明确的目标和要求为导向，选取合适的监管手段，合理配置和使用监管资源。将常态化监管与专项式监管相结合，构建价格监测及监管的有效机制。

第七章　非物质文化遗产及其传承人的行政法保护机制

第一节　非物质文化遗产及其法律保护关系

一、非物质文化遗产的界定

《中华人民共和国非物质文化遗产法》（以下简称《非物质文化遗产法》）规定，非物质文化遗产指各族人民世代相传并视为其文化遗产组成部分的各种传统文化表现形式，以及与传统文化表现形式相关的实物和场所。对于这个概念，需要从时间性、民族性和其表现形式进行分析。

首先，从时间上看，非物质文化遗产是从农耕时期开始形成，经过了数千年的沿革、发展至今，可以用源远流长来形容。

其次，非物质文化遗产具有民族性。“我国非物质文化遗产被刻上一个民族的印记，彰显着民族精神和文化多样性。”①从通常意义上来讲，将共同生活在同一地区内，通用同一种语言，接受共同的文化，进而形成相同或者相似的社会心理状态，能够长期、稳定地生活在这种状态中的人群，划分为一个民族。同一非物质文化遗产在不同民族会出现不同的表现形式，即民族性是某一特定民族、群落、社区专有体现。不同民族拥有同一项非物质文化遗产，但是不同的民族所表现出来的内容是不同的，因为不同民族有其本质的不同。

最后，非物质文化遗产的表现形式是物和场所。非物质文化遗产作为祖辈流传下来的精神财富，实际上并不是一种具体、真实的客观存在。但事实上，祖辈遗留下来的很多非物质文化成果，都是以客观存在的实物或某种表现工

① 周孜予，施健．浅论我国非物质文化遗产行政法保护的困境与完善路径［J］．佳木斯职业学院学报，2022，38(3)：64．

具的形式而代代相承下来的。比如，作为非物质文化遗产的珠算法则，是一种演算方法，它只有通过算盘这个具体实物的操作，才能将其自身的文化特性表现出来，才能展示出这个非物质文化遗产的宝贵。对于其所保护的场所，指的是一些非物质文化遗产只有在特定场所内才能进行演绎，才能展现出这个文化的独特魅力，而换到其他场所则无法展现。

总的来说，非物质文化遗产这个概念最初是从国际文件中沿用来的，随着对非物质文化遗产研究的深入，同时展开了一系列后续工作，经过与此相关工作人员的共同努力，使得非物质文化遗产的抢救、保护以及实施工作取得了显著成绩。《非物质文化遗产法》将非物质文化遗产的概念定型化，就是根据国际条约有关规定和中国具体国情相结合的产物，具有鲜明的中国特色。

二、非物质文化遗产的法律保护关系

（一）国际上非物质文化遗产法律保护关系

1. 国际上非物质文化遗产法律的保护主体

《保护非物质文化遗产公约》旨在保护世界范围内的非物质文化遗产。公约中规定的主体有缔约国大会、政府间保护非物质文化遗产委员会、咨询组，并具体规定了各自职能。缔约国大会是公约的最高权力机关，大会两年召开一次常会；政府间保护非物质文化遗产委员会由各缔约国所选举的代表组成，其职能包括宣传公约目标、监督其实施状况；对非物质文化遗产的保护措施提出建议等。这样一来，该公约就把保护非物质文化遗产的任务交还给了各缔约国。这说明大会、委员会、咨询组本身不是非物质文化遗产保护的主要承担者，他们虽然只是议事协调机构，却对保护非物质文化遗产发挥了重要作用。

《保护非物质文化遗产公约》规定，由各群体、团体和有关非政府组织参与，确认和确定其领土上的各种非物质文化遗产。可见，保护主体中收入团体、群体和有关非政府组织。各缔约国政府作为该国非物质文化遗产的保护主体，应当结合该国具体实际来分析。

非政府组织是一个专业性极强的社会组织，通常是由各门类中较为专业的人员组成，能够在所涉领域内灵活解答疑问、注重专业性服务；同时，由于其组织庞杂，社会关系网广，能充分调动公众通过多种渠道参与活动。非政府组织作为非物质文化遗产的保护主体，能够对政府制定的有关非物质文化遗产的法律、法规等的施行提供支持，发挥其优势作用，在非物质文化遗产的法律保护工作中充当个人与政府之间的桥梁，其重要的存在价值不容忽视。

2. 国际上非物质文化遗产法律保护的对象

在《保护非物质文化遗产公约》中对非物质文化遗产的定义，是指被各群体、团体、有时为个人视为其文化遗产的各种实践、表演、表现形式、知识和技能及其有关的工具、实物、工艺品和文化场所。根据公约定义，可以将其保护对象分为五类，即口头传说、民间风俗、传统技艺、传统手工艺及大自然中所蕴含的知识和实践。

（二）我国非物质文化遗产法律保护关系

1. 我国非物质文化遗产法律保护主体

非物质文化遗产的权利主体是指其法律关系中的民族、社区、群落或个人。因为他们是非物质文化遗产的直接体现者或承载者，所以对非物质文化遗产法律保护主体的理解，可以从传承和保护两个方面展开。

（1）传承主体。所谓传承主体，主要是指非物质文化遗产持有者或传承人，他们是非物质文化遗产得以传承的中坚力量，是不可或缺的存在。正是因为这些持有者或是传承人，才使得非物质文化遗产有理由和途径存在于世，也正是因为持有者将其毕生所学传于传承人，才使得这些宝贵的文化成果不至于消亡。正因为主体是法律关系中的主导因素，所以加大对非物质文化遗产传承人的保护力度是势在必行的，这同时是保障非物质文化遗产长期有序发展的必要因素。所以说，我们需要采取积极的法律手段，保护非物质文化遗产的传承主体。

（2）保护主体。保护主体可以划分为三类：政府机构、社会团体和个人。这些保护主体肩负着重大责任，履行着相关的保护义务。他们虽与传承主体没有直接的关系，但发挥着重要的作用，因为他们的付出使得我国各项保护机制顺利推行。

第一，政府作为国家最高行政机关，它有能力运用国家权力来调动人力、物力和财力，将其投入非物质文化遗产的挖掘、整理和保护工作中，制定保护非物质文化遗产的具体方法，对破坏非物质文化遗产的行为加以制止和惩罚。所以，在保护工作进程中，应该更加注重政府的重要地位，充分发挥政

府的主导作用。这就要求政府对非物质文化遗产的保护工作，做到三点：①明确政府机关保护部门，完善政府领导机制，有计划地出台相关的保护政策与法规，有步骤地发布相关规划与意见；②政府建立一个具有权威性的保护会议小组，保障在科学的引导下提出合理合法的重大决策；③培育大众的保护意识。

第二，社会团体。社会团体在非物质文化遗产法律保护中发挥着不可或缺的作用。这些团体通常由非物质文化遗产传承人、专家学者、文化工作者等组成，他们通过组织各类非物质文化遗产传承活动、开展非物质文化遗产研究和交流等方式，推动非物质文化遗产文化的传承和发展。社会团体在非物质文化遗产保护中的优势在于其专业性和民间性，能够深入非物质文化遗产传承的实践中去，发现和解决非物质文化遗产保护中的实际问题。同时，社会团体还可以通过自身的力量，向政府机构提出合理的建议和要求，推动非物质文化遗产保护工作的不断完善。

第三，个人。首先，个人作为非物质文化遗产法律保护的基础力量，其参与非物质文化遗产保护的方式多种多样。非物质文化遗产传承人是非物质文化遗产保护的核心力量，他们通过口传心授、言传身教等方式，将非物质文化遗产技艺和文化传承给后人。传承人的责任感和使命感对于非物质文化遗产的保护至关重要。其次，广大民众是非物质文化遗产保护的重要参与者。他们可以通过参与非物质文化遗产传承活动、购买非物质文化遗产产品等方式，支持非物质文化遗产的传承和发展。最后，民众可以通过自身的力量，监督和举报破坏非物质文化遗产的行为，为非物质文化遗产保护贡献自己的力量。

2. 我国非物质文化遗产法律保护的对象

法律关系的客体最终将对象作为研究的出发点，非物质文化遗产的权利客体，也就是其所保护的对象是指非物质文化遗产法律关系主体享有权利和承担义务所共同指向的对象，它既是主体所享有权利的承载者，也是主体所履行义务的体现者。

我国的《非物质文化遗产保护法》对其所保护的对象进行了划分，具体表现为各族人民世代相传并视为文化遗产组成部分的各种传统文化表现形式，以及与传统文化表现形式相关的实物和场所。在《非物质文化遗产法》中将对象范围划分为以下六大类：

（1）传统口头文学及其载体语言。传统口头文学是各族人民在长期生产生活实践中形成的口头艺术形式，如民间故事、史诗、歌谣等。这些口头文学不仅是文化传承的重要载体，也体现了各民族独特的历史记忆和审美追求。其载体语言，如方言、土语等，更是民族文化的独特标识。

（2）传统表演艺术。传统表演艺术包括美术、书法、音乐、舞蹈、戏剧、曲艺和杂技等。这些艺术形式通过表演者的精湛技艺和独特风格，展现了中华民族丰富多彩的文化内涵和审美趣味。它们不仅是艺术欣赏的对象，也是文化传承的媒介。

（3）传统技艺、医药和历法。传统技艺如陶瓷制作、刺绣、剪纸等，是各族人民在长期实践中积累下来的技艺精华。医药和历法则是中华民族智慧的结晶，如中医药、农历等，它们不仅具有实用价值，也蕴含着深厚的文化底蕴。

（4）传统礼仪、节庆等民俗。传统礼仪和节庆等民俗是各族人民在长期社会生活中形成的风俗习惯。它们不仅体现了各民族的社会结构和人际关系，也反映了各民族的文化传统和审美观念。这些民俗活动是文化认同和传承的重要载体。

（5）传统体育和游艺。传统体育和游艺是各族人民在长期体育活动中形成的独特文化形式。它们不仅具有锻炼身体、增强体质的功能，也体现了各民族的文化特色和审美追求。这些体育和游艺活动是文化交流和融合的重要平台。

（6）其他非物质文化遗产。除上述五类外，《非物质文化遗产法》还将其他具有历史、文化、科学价值的非物质文化遗产纳入保护范围。这些非物质文化遗产可能具有独特的文化形态或表现形式，也可能具有特殊的文化意义或历史价值。

3. 我国非物质文化遗产保护对象的认定标准

在全球化与现代化的双重冲击下，非物质文化遗产的保护工作越发显得重要而紧迫。我国作为拥有 5000 年文明史的古老国度，非物质文化遗产资源丰富，种类繁多，是否能够科学、合理地认定保护对象，直接关系到非物质文化遗产保护工作的成效。

（1）非物质文化遗产保护对象认定标准的法律基础。《非物质文化遗产法》是我国非物质文化遗产保护工作的首部专门法律，为非物质文化遗产保护提供了坚实的法律保障。该法明确规定，非物质文化遗产是指各族人民世

代相传，并视为其文化遗产组成部分的各种传统文化表现形式，以及与传统文化表现形式相关的实物和场所。在认定非物质文化遗产保护对象时，必须遵循该法的规定，确保认定工作的合法性、权威性和有效性。

（2）非物质文化遗产保护对象认定标准的具体内容。

第一，历史价值标准。非物质文化遗产作为历史的见证，承载着丰富的历史信息和文化记忆。在认定非物质文化遗产保护对象时，应首先关注其是否具有历史价值。这包括两个方面：一是非物质文化遗产项目本身是否具有悠久的历史传承和深厚的文化底蕴；二是非物质文化遗产项目是否能够反映某一历史时期或地区的社会生活、经济状况、文化特征等。只有具备历史价值的非物质文化遗产项目，才值得我们去保护和传承。

第二，艺术价值标准。非物质文化遗产项目往往具有独特的艺术表现形式和审美价值。在认定非物质文化遗产保护对象时，应关注其是否具有艺术价值。这包括非物质文化遗产项目的艺术风格、艺术特色、艺术技巧等方面。同时，还应考虑非物质文化遗产项目在当地文化中的地位和作用，以及其在艺术领域的影响力和贡献。只有具备艺术价值的非物质文化遗产项目，才能成为我们文化自信的源泉和精神财富。

第三，科学价值标准。非物质文化遗产项目不仅具有历史和艺术价值，还具有科学价值。在认定非物质文化遗产保护对象时，应关注其是否具有科学价值。这包括非物质文化遗产项目所蕴含的科学知识、科学原理、科学方法等方面。同时，还应考虑非物质文化遗产项目在科学研究、教育普及、科技创新等方面的作用和意义。只有具备科学价值的非物质文化遗产项目，才能为我们提供宝贵的知识财富和智力支持。

（3）非物质文化遗产保护对象认定标准的实施要求。

第一，综合性原则。在认定非物质文化遗产保护对象时，应综合考虑非物质文化遗产项目的历史价值、艺术价值和科学价值，避免片面强调某一方面的价值而忽略其他方面的价值。同时，还应注重非物质文化遗产项目的整体性和系统性，将其作为一个整体来加以保护和传承。

第二，真实性原则。在认定非物质文化遗产保护对象时，应确保所认定的非物质文化遗产项目是真实存在的、具有历史传承和文化底蕴的。不得将虚构的、伪造的或未经历史传承的项目纳入非物质文化遗产保护范围。同时，还应注重非物质文化遗产项目的原始性和真实性，避免在传承和展示过程中对其进行过度商业化包装和改编。

第三，动态性原则。非物质文化遗产是“活”的文化遗产，其传承和发展是一个动态的过程。在认定非物质文化遗产保护对象时，应充分考虑非物质文化遗产项目的动态性和变化性，及时调整和完善认定标准和方法。同时，还应加强对非物质文化遗产项目的监测和评估工作，及时发现和解决非物质文化遗产保护工作中出现的新问题和新挑战。

第二节　非物质文化遗产行政法保护的必要性

一、非物质文化遗产法律保护的必要性

非物质文化遗产作为人类文化多样性的重要组成部分，不仅承载着民族的历史记忆，更是民族精神与文化自信的源泉。“非物质文化遗产是传统文化的重要内容，对于非物质文化遗产的保护就是对我国文化的保护。”[①] 在全球化的今天，世界一体化进程不断加速，非物质文化遗产正面临着前所未有的挑战与机遇。我国作为拥有 5000 年文明史的古老国度，非物质文化遗产资源丰富，其保护工作更是刻不容缓。

（一）应对全球化冲击，维护文化多样性

全球化浪潮如同不可阻挡的巨流，不仅促进了世界经济的飞速发展，而且深刻改变了文化生态。在这一进程中，文化趋同现象越发明显，许多原本丰富多彩、独具特色的非物质文化遗产逐渐在全球化的大潮中被边缘化，甚至面临消亡的威胁。这种趋势无疑是对人类文化多样性的巨大挑战。因此，通过法律手段保护非物质文化遗产，显得尤为必要。法律的保护能够为这些珍贵文化遗产提供一个安全的避风港，使它们在全球化的冲击下得以生存和繁衍。这不仅有助于维护世界文化的多样性，更能够确保各种文化形态在相互尊重、平等交流的基础上共同发展，为人类文化的繁荣和进步注入源源不断的活力。

① 刘运，向鑫．非物质文化遗产的行政法保护——以 H 省 E 市为例 [J]．法制博览，2024(01):49.

（二）防止文化同质化，传承民族文化基因

非物质文化遗产是民族文化的重要载体，承载着民族的历史记忆、价值观念和精神追求。这些文化遗产是民族精神的灵魂，是民族文化基因的重要组成部分。然而，在全球化的冲击下，文化同质化现象日益严重，许多非物质文化遗产面临着被同化的风险。一旦这些文化遗产被同化，民族文化基因就可能消失殆尽，民族文化的独特性和多样性也将不复存在。因此，通过法律保护非物质文化遗产，防止其被同化，是传承民族文化基因的必要手段。法律的保护不仅能够确保非物质文化遗产在传承过程中的真实性和完整性，更能够为其传承提供有力的法律保障。这样，我们才能够确保民族文化基因得以传承和延续，使民族文化在世界文化中保持独特的地位和影响力。

（三）应对市场经济冲击，保护非遗生存空间

市场经济的蓬勃发展，无疑为社会带来了前所未有的物质丰富和选择多样性。然而，对于非物质文化遗产而言，市场经济的冲击却是“双刃剑”。一方面，一些非遗技艺和产品由于与现代审美和消费习惯脱节，难以适应快速变化的市场需求，从而导致其生存空间被不断压缩，甚至面临消亡的境地。另一方面，一些商家在追求经济利益的过程中，滥用非遗资源，通过粗制滥造、仿冒等手段破坏非遗的原真性和独特性，进一步加剧了非遗的生存危机。

在这一背景下，通过法律保护非物质文化遗产显得尤为重要。法律可以明确规定非遗的保护范围、保护措施以及法律责任等，为非遗提供坚实的法律保障。同时，法律还能够规范市场行为，打击侵权行为，保护非遗的合法权益，防止非遗资源被滥用和破坏。通过法律手段，我们可以有效地应对市场经济的冲击，守护非遗的生存空间，确保其得以在市场经济中健康发展，传承和弘扬中华民族的优秀传统文化。

（四）解决传承危机，确保非遗代代相传

传承是非物质文化遗产得以延续的关键。然而，在现代社会，许多非遗技艺面临着传承危机。一方面，由于技艺难度大、传承周期长、传承方式单一等原因，许多非遗技艺难以得到有效传承。另一方面，一些传承人因生活困难、社会地位不高等原因而放弃了传承，导致非遗技艺面临失传的风险。

针对这一问题，法律保护非物质文化遗产显得尤为重要。首先，法律可以明确非遗传承人的法律地位和权益，为他们提供必要的经济支持和社会保障，解除他们的后顾之忧，使他们能够更加专注于非遗技艺的传承和弘扬。

其次，法律可以规定非遗传承的机制和方式，鼓励和支持社会各界参与非遗传承工作，形成全社会共同参与的良好氛围。最后，法律可以规定对非遗传承人的培养和激励机制，提高非遗传承人的社会地位和荣誉感，吸引更多的人才投身到非遗传承事业中来。

（五）保护非遗资源，防止实物资料流失

非物质文化遗产的实物资料不仅是其历史的见证，更是研究和传承的重要物质基础。然而，由于保护措施的不足和监管的缺失，许多珍贵的非遗实物资料在流转中流失海外，成为文化财产的损失。这些流失的实物资料不仅使得非遗的研究和传承工作面临困难，更可能导致文化记忆的断裂。因此，通过法律保护非物质文化遗产，可以强化对实物资料的管理和保护，确保其在法律框架内得到妥善保存和传承。同时，法律手段还能有效地防止实物资料流失海外，维护国家文化财产的安全和完整。

（六）加强研究力量，提升非遗保护水平

非物质文化遗产的保护和研究工作是相辅相成的。然而，现实中研究人员数量不足、研究水平参差不齐的问题制约了非遗保护工作的深入开展。法律作为规范社会行为的重要工具，在非遗保护领域同样发挥着不可替代的作用。通过法律保护非物质文化遗产，可以吸引更多的专家学者、文化工作者和志愿者投身于非遗保护事业中，形成一支专业化、系统化的研究队伍。同时，法律还可以规定非遗研究的规范和标准，确保研究工作的科学性和规范性，为非遗保护提供坚实的理论支撑和实践指导。

（七）促进国际交流与合作，提升非遗国际影响力

非物质文化遗产的保护不仅是一国之事，更是全人类共同的责任。在全球化的今天，各国之间的文化交流与合作日益频繁，非遗保护事业也面临着前所未有的机遇和挑战。通过法律保护非物质文化遗产，可以促进国际交流与合作，共同推动非遗保护事业的发展。这不仅有助于学习借鉴国际先进的保护理念和经验技术，还能够将我国的非遗资源推向世界舞台，提升我国非遗的国际地位和影响力。同时，加强国际合作还能够增强民族自豪感和文化自信心，为我国文化的繁荣发展注入新的活力。

二、行政法对非物质文化遗产保护的优势

在探讨非物质文化遗产的保护机制时，不得不提及法律手段的多样性。

尽管商标法、知识产权法、著作权法等私权利法在一定程度上为非物质文化遗产的保护提供了法律支撑，但行政法在其中所展现出的优势不容忽视。非物质文化遗产的本质属性及其传承特点决定了行政法在保护非物质文化遗产方面具有独特的优势和不可替代的作用。

（一）非物质文化遗产的本质属性与行政法的契合

非物质文化遗产的本质属性在于其文化价值、历史价值和社会价值，以及持续传承的可能性。这些属性决定了非物质文化遗产的保护不仅是对其外在形式的保护，更是对其内在文化价值的传承和弘扬。行政法作为公法，其公共属性与非物质文化遗产的这一本质属性相契合。行政法以保护公共利益为出发点，通过制定和执行相关政策、法规和规章，为非物质文化遗产的保护提供了强有力的法律保障。

（二）行政法的灵活性与适应性

相较于私权利法，行政法具有更强的灵活性和适应性。非物质文化遗产的保护涉及众多领域和方面，包括文化传承、教育普及、产业发展等。这些领域和方面的发展变化是快速而复杂的，需要法律手段进行及时调整并适应。行政法可以通过制定和实施相关政策、法规和规章，及时应对非物质文化遗产保护中的新情况、新问题，确保非物质文化遗产保护工作能够与时俱进、有效推进。

（三）行政法的全方位保护

行政法在非物质文化遗产保护中的优势还体现在其全方位的保护上。非物质文化遗产的保护不仅是法律层面的问题，更是涉及政策、经济、社会等多个方面的综合性问题。行政法可以通过制定和实施相关政策，为非物质文化遗产的保护提供政策支持和保障；通过财政补贴、税收优惠等经济手段，为非物质文化遗产的传承和发展提供经济支持；通过加强宣传教育、推动社会参与等措施，为非物质文化遗产的保护营造良好的社会氛围。这种全方位的保护方式能够更有效地推动非物质文化遗产保护工作的深入开展。

（四）行政法的规范性与监督性

行政法具有规范性和监督性的特点，这对于非物质文化遗产的保护至关重要。非物质文化遗产的传承和发展需要遵循一定的规范和标准，以确保其文化价值和历史价值的传承和弘扬。行政法可以通过制定和执行相关法规和标准，对非物质文化遗产的传承和发展进行规范和引导。同时，行政法还具有监督性，可以对非物质文化遗产保护工作的实施情况进行监督和检查，确保非物质文化遗产保护工作能够得到有效执行和推进。

第三节　非物质文化遗产行政法保护的完善路径

一、完善非物质文化遗产行政立法的系统性

（一）中央与地方立法相协调，构建全面保护体系

非物质文化遗产的保护需要中央和地方立法的共同协作。以宪法为统领，中央应制定具有普遍适用性的法律、行政法规和部门规章，为非物质文化遗产保护提供基本框架和原则性指导。同时，各省、自治区、直辖市应依据自身文化特色和非物质文化遗产的实际情况，制定相应的地方性法规和地方政府规章，细化保护措施，确保中央立法的有效实施。这种中央与地方立法相协调的体系，能够兼顾全国范围内的普遍性和地区间的特殊性，形成全面、有效的非物质文化遗产保护网络。

（二）明确社会组织的法律地位，引导多元参与

在非物质文化遗产保护中，社会组织的参与不可或缺。行政立法应明确社会组织、企业等团体的法律地位和作用，通过立法建立奖励补贴、税收减免等制度，激发其参与非物质文化遗产保护的积极性。同时，加强社会组织与政府部门的合作，形成政府主导、社会参与的多元保护格局，共同推动非物质文化遗产的保护与传承。

（三）关注私人权利保障，提升公众参与意识

非物质文化遗产的保护不仅关乎国家文化利益，也涉及个人利益。行政立法应关注私人权利的保障，确保在保护非物质文化遗产的过程中，个人不因承担额外经济负担而受损。同时，提升公众的参与意识，通过书籍、网络、公演等多种方式促进文化传播方式的多样化，让公众更加了解、认识非物质文化遗产的价值和重要性。此外，还应明确原生境人的法律地位，对其在非物质文化遗产保护中的贡献给予充分肯定和保障。

（四）强调复合结构保护，实现全面覆盖

非物质文化遗产行政法保护应从自然环境、经济环境和社会环境三位一体的复合结构整体进行系统的保护。这要求行政立法在保护非物质文化遗产时，要充分考虑其所在的环境因素，确保保护措施与环境的和谐共生。同时，要注重法律与其他政策的协调配合，形成合力共同推动非物质文化遗产的保护与传承。

（五）规范行政权行使，确保有效保护

在行政法制体系中，既要保障行政权的有效行使，也要规范和约束行政权。行政立法应明确政府在非物质文化遗产保护中的职责和权限，规范其行政行为确保保护工作的有效进行。同时，要加强对行政行为的监督和评估机制建设及时纠正和查处违法违规行为保障非物质文化遗产得到切实有效的保护。

二、健全非物质文化遗产行政法保护制度

（一）规范行政确认制度

非物质文化遗产的行政确认制度是确保其得到有效保护与传承的关键环节。这一制度的规范与完善，不仅关系非物质文化遗产的准确界定，更对吸引多方主体参与其开发与保护、促进活态传承具有深远影响。

首先，行政确认制度在非物质文化遗产的利益确认上起着至关重要的作用。一个文化遗产若能得到明确的法律地位，转化为经济利益，无疑将吸引更多的企业、组织乃至个人投身其中，共同推动其保护与发展。这种利益的确认，不仅是对非物质文化遗产价值的肯定，更是对其未来可持续发展的有力保障。

其次，规范行政确认制度，需要明确非物质文化遗产的范围和申报标准。通过细化、明确非物质文化遗产的认定标准，可以确保更多具有独特价值、亟待保护的文化遗产被列入名录。同时，这也有助于我们更准确地识别哪些文化遗产值得进一步地研究、保护和传承。

在划定非物质文化遗产范围时，应特别关注那些团体性的项目。这些项目往往蕴含着深厚的文化底蕴和集体智慧，是文化多样性的重要组成部分。将这些项目纳入非物质文化遗产名录，不仅是对其价值的认可，也是对集体智慧的尊重。

此外，还需明确原生境人的概念，并在商业开发中充分尊重其权利。原

生境人是非物质文化遗产的重要传承者和守护者，他们的权益应得到充分保障。在商业开发过程中，我们应确保原生境人的利益不受损害，并基于其特殊地位给予必要的保护和帮助。

为了进一步提高非物质文化遗产保护工作的针对性和有效性，还应加快建设确立群体性传承人制度。通过明确传承人的认定数量、认定标准以及相应的责任和义务，我们可以更好地保障非物质文化遗产的传承与发展。同时，这也有助于提高非物质文化遗产建档保存等工作的效率和质量。

最后，在行政确认过程中，应坚持从实际出发，避免盲目浪费资源。非物质文化遗产的保护与传承需要长期的努力和持续的投入。在确立生态保护区、制订保护计划时，应充分考虑实际情况和资源条件，确保各项措施的有效性和可持续性。

（二）调整行政帮助制度

在非物质文化遗产保护工作中，调整并强化行政帮助制度显得尤为关键。这一制度的完善，旨在更加精准、有效地拯救那些濒临消失、传承困难的非物质文化遗产项目。

首先，需要建立专门的行政帮扶制度。这一制度的核心在于对特定非物质文化遗产项目提供有针对性的帮助，以确保其得以传承与保护。以延边州为例，其非物质文化遗产项目如洞箫、舞蹈等，因其独特的文化价值和传承困境，应成为行政帮扶的重点对象。行政机关作为非物质文化遗产保护的主要责任方，通过专门的帮扶制度，能够更加系统、全面地了解这些项目的实际情况，从而制定更为精准的保护策略。同时，专门的行政帮扶制度还能确保行政机关在保护过程中发挥领导作用，通过细致的监督与管理，确保非物质文化遗产保护工作的有序进行。

其次，完善资金资助制度是行政帮助制度调整的重要一环。非物质文化遗产的保护需要长期的、持续的资金投入。通过完善资金资助制度，可以为非物质文化遗产保护提供稳定的资金来源。在这方面，我们可以借鉴日本和韩国的经验，将非物质文化遗产保护纳入国家财政预算，并设立专项资金用于支持非物质文化遗产项目的传承与发展。同时，我们还应积极引入社会资金，鼓励企业、社会组织等参与非物质文化遗产保护工作，形成政府、市场、社会多元参与的格局。对于积极参与非物质文化遗产保护的企业和社会组织，政府可以给予一定的政策优惠和扶持，以激发其保护非物质文化遗产的积极性。

在资金资助制度中，政府的角色至关重要。政府不仅要提供资金支持，也要对资金的使用情况进行监督和管理，确保资金用于非物质文化遗产保护的实际工作中。同时，政府还要加强对企业的监管，防止企业利用非物质文化遗产进行不当商业开发，损害非物质文化遗产的文化价值。对于恶意破坏非物质文化遗产的行为，政府应依法予以惩处，以维护非物质文化遗产的合法权益。

（三）加强行政指导制度

在非物质文化遗产保护中，应明确政府责任，承担服务与指导的职责。在政府工作中，政府的具体行政行为的做出需要柔和的手段。行政指导这一具体行政行为在解决一些行政事务上会比强制性手段发挥更大的优势，行政指导要遵循自愿性的原则，因为它本身不是强制性的，行政相对人要自愿接受指导和承担后果。行政指导还应具备诚实性原则，不能出尔反尔，变化无常，要保护行政相对人的可信赖利益，要尽最大努力保护非物质文化遗产。在市场机制下开发旅游产品的非物质文化遗产地区更加需要政府的指导与监督。在指导的过程中要依照法律法规规定，做到程序正当、实体公正。对行政主体在履行社会责任的各种行政行为进行规制和调控，是行政法的要求。现代科学技术的发展以及商品经济的无限扩张大大压缩了非物质文化遗产传承的空间，政府要做的是清除传承的阻碍，搭建平台，扶持和引导非物质文化遗产保护工作。对于具有较高经济效益的项目以及具有特殊途径作用的项目要进行行政许可、行政指导等程序，规制不当的商业竞争行为。

建立立体化非物质文化遗产法律保护体系，法律执行环节是重点。面对非物质文化遗产目前面临种种困境等现实问题，需要政府在执行上作出改变。政府依法行政，从中央到地方政府，各级政府需要严格贯彻中央精神，法律执行要做到从上到下不打折扣地完成，上级对下级的传达、要求要保持一致。不仅如此，各级政府部门要做到履行职责，为人民服务，通力合作，不可以互相推诿，拒绝行政不作为，在各自的行政区域内做好保护工作，遇到冲突不能及时分清责任，上级政府进行指导。

（四）深化监督制度和公众参与制度

非物质文化遗产是中华传统文化不可或缺的一部分，文化不仅需要传承继承，还要保持非物质文化遗产活态性、原真性的特征，这就需要随着时代的变化而进行创造性转化。在保护的过程中，在保持原有传统文化的同时，还要在连续中有所转化创新发展。立法要体现这种保护非物质文化遗产的理念，蕴含着华夏民族维护国家统一、民族团结的精神。保障各民族和人民的合法权益，这是非物质文化遗产立法必须继续坚持的基本原则。“以民为本”思想是稳定社会秩序的重要思想，是仁政的重要基础。今天，发展成了执政为民，人民是创造主体和文化主体，在立法中势必要体现人民保护理念。

活态性传承的特性决定了非物质文化遗产不应该只在博物馆里展示，在不违背和破坏其核心价值和技艺的情况下，融入人民大众的现实生活中来才是保护的好办法。行政参与原则的实现，引入公开听证制度，充分听取相关权利人的意见。听证制度应该做到公开、公正，充分尊重当事人的意见陈述。非物质文化遗产的产生和发展都在民间有着深厚的土壤，传承和发展人民群众感受最深，最具有发言权。对于政府的重大决策和重大的行政决定都应该确立听证制度。只有社会对非物质文化遗产保护的知情权得到充分的行使，社会公众才能真正拥有非物质文化遗产保护的参与权和监督权。在听证中，听证会可以向非物质文化遗产传承人和其他相关主体开放，在非物质文化遗产申报的各个过程也有利于保持公平公正，提高效率。

宪法及法律赋予人大及其常委会监督各级政府、相关部门依法履职情况的权力，可以考察政府人员是否履行职责，积极作为。奖励做出突出贡献的组织或个人，针对不作为的予以惩戒，各个主体都可以对不法行为进行举报，针对参与非物质文化遗产项目开发的各主体应做好监督工作，在评估项目带来的收益与风险时及时作出政策调整，保护非物质文化遗产在发展中依然活力活现。自媒体技术的发展使监督方式变得多元化，监督制度的运用可以有效地防止行政权的滥用。完善监督制度，不仅要监督传承的效果，还要监督政府是否作为或乱作为。政府的权力不能够被滥用，阻碍和破坏非物质文化遗产的传承。对于破坏非物质文化遗产的行为及其主体，要通过行政法的相关规定给予惩罚，还要明确各个单位的具体职责，建立保护单位和代表性项目的动态管理机制，充分利用多媒体等技术方式进行监督。

公众参与制度有效提高全民的保护非物质文化遗产的价值理念。一方面，完善行政听证制度。行政主体在作出影响非物质文化遗产原生境人合法权益的决策前，应该将作出决策的依据和过程告知公众，还需向公众告知具体听证权利，包括听证范围、听证形式、听证程序等内容。公众可行使听证权利并提出相关建议，行政主体综合考虑各方利益作出相应决策。在市场机制下开发旅游产品的我国非物质文化遗产区更加需要政府的指导与监督，政府参与非物质文化遗产产业化保护，可以引导产业化的发展方向。充分利用报纸

网络集中宣讲加大非物质文化遗产法律法规的宣传力度，政府宣传优惠政策，宣传非物质文化遗产项目，做到普法广覆盖。另一方面，完善民间力量参与制度。鼓励社会组织和民间团体参与到文化传承中，增强全社会保护非物质文化遗产的价值理念。

第四节 非物质文化遗产传承人的行政法保护机制

一、非物质文化遗产传承人的界定

（一）非物质文化遗产传承人的概念

法律中规定的非物质文化遗产传承人主要是指熟练掌握某项非物质文化遗产，并承担非物质文化遗产项目的传承责任，在特定领域内具有代表性和较大影响力，经政府文化主管部门认定的代表性传承人。

非物质文化遗产传承人的概念可以从以下几个方面界定：

第一，非物质文化遗产传承人的知识与技能。传承人相较于其他人应更为深入地理解非物质文化遗产的内涵，并且熟练掌握非物质文化遗产的技艺技能。作为非物质文化遗产得以活态传承的重要主体，非物质文化遗产传承人承担着非物质文化遗产发展与创新的责任，他们需要不断地深入学习和传承非物质文化遗产的知识与技能，也需要在传承过程对非物质文化遗产文化进行创新与完善，并将自己的技艺继续传授给下一代传承人，如此循环往复，实现非物质文化遗产的不断地传承与发展，在传承的过程中不断掌握与熟知非物质文化遗产的内涵与技能。

第二，非物质文化遗产传承人的范围，即非物质文化遗产传承人不仅要包括代表性传承人，还应包括一般性传承人和群体性传承人。目前法律对非物质文化遗产传承人的定义局限于具有代表性的个人，但由于非物质文化遗产本身具有复杂性，在传承过程中具有困难性，将传承主体仅限于个人不利于非物质文化遗产的保护。例如，一些民俗节日等非物质文化遗产由于体系庞大，只能以群体性传承的方式进行传承，因此应该扩大非物质文化遗产传承人的范围，而不能仅将传承主体限制于具有代表性的个体。

综合可见，非物质文化遗产传承人是指在特定的区域或族群内，能够熟练掌握非物质文化遗产的知识与技能，并且致力于保护非物质文化遗产，积极开展相关传承和保护活动的个人或者群体。

（二）非物质文化遗产传承人的分类

1. 个体性传承人和群体性传承人

（1）个体性传承人。个体性传承人是指不依赖于群体合作，仅由某一个体独立完成非物质文化遗产项目的传承人。这类非物质文化遗产技术含量高、专业性强，传承人独立掌握其核心技艺，如传统手工技艺、传统美术等。个体性传承人在非物质文化遗产交流与传承活动中，通常是以个体形式出现，在非物质文化遗产传承中所体现的个人特色更为明显。

个体传承是非物质文化遗产传承的传统方式之一，其主要依靠传承人互相之间的口传心授和言传身教，如家族、师徒之间的口口相传。受传统文化的影响，早先的传承以家传为主，有传内不传外、传男不传女的习俗，后来更多的是以师徒的形式进行传承，这也成为非物质文化遗产传承最重要的形式之一。

（2）群体性传承人。群体性传承人是指某项非物质文化遗产的传承并不是依靠单一的传承人，而是由熟练掌握非物质文化遗产技能与知识的人所组成的整体，如族群、家族、社区、社团等一些特定的群体。

群体传承的非物质文化遗产体现的是群体的智慧结晶。这类非物质文化遗产项目体系庞大，以特定社区或者族群的生产生活方式为生存基础和发展媒介，如一些民俗节日等。群体性传承人以集体的力量进行非物质文化遗产的传承与延续，对非物质文化遗产的保护发挥着至关重要的作用。

2. 代表性传承人和一般性传承人

（1）代表性传承人。代表性传承人是指在一定的区域内具有较大影响力和代表性，并且承接某项非物质文化遗产项目的传承责任，积极开展传承活动，经政府相关部门认定的传承人。代表性传承人拥有精湛的技艺和深厚的文化内涵，认定也有严格的申报、审批、通过、公示的程序。传承人经过复杂、严格的程序获得代表性传承人的称号，享受法律所赋予的权利，对已经认定的代表性传承人也会有严格的管理制度，相较于一般性传承人，代表性传承人权利更多，责任也更大。

（2）一般性传承人。一般性传承人指非物质文化遗产所在地区的普通手

工艺者。由于一般性传承人技艺不够精湛，影响力不够深远，不能被认定为代表性传承人，但他们也依旧遵循着民俗习惯，言说着民俗历史，传承着民俗技艺。

代表性传承人和一般性传承人都是传承人群体的一部分，均掌握一定的非物质文化遗产技能，致力于保护非物质文化遗产。代表性传承人因其被赋予的权利与义务较多，是非物质文化遗产传承过程中至关重要的主体，而一般性传承人相较于代表性传承人人数更多，他们在非物质文化遗产的保护过程中也有着不可忽视的重要作用，是非物质文化遗产延绵存续的重要保障。

二、非物质文化遗产传承人行政法保护的策略

（一）健全非物质文化遗产传承人资格认定制度

非物质文化遗产传承人资格认定制度应拓宽认定的范围，明确群体性传承人和一般性传承人的地位。

1. 完善群体性传承人资格认定制度

非物质文化遗产项目体系十分庞大、内容纷繁复杂，不可能由个体传承人传承，需要一个群体甚至于一个特定区域的传承人共同合作完成，但目前对于群体性传承人的认定仅有部分地方通过立法进行了明确。例如，《广东省省级非物质文化遗产代表性传承人认定与管理办法》规定，广东省省级非物质文化遗产代表性传承人包括个人和群体。群体性传承人需由两名以上传承人共同构成，各个传承人之间是分工合作、缺一不可的关系，其中每个传承人都掌握着某项特定非物质文化遗产的技艺技能或者在某一环节发挥着不可或缺的作用。但整体来看大多数地方并未对群体性传承人的认定条件进行明确，各地仍然处于探索阶段。

我国在完善非物质文化遗产传承人资格认定制度时，可以探索建立群体性传承人的认定制度。非物质文化遗产资源众多且种类多样，表现形式也各不相同，根据其不同的特性，个体性传承人和群体性传承人在保护非物质文化遗产的过程中都举足轻重。法律可以依据非物质文化遗产的不同文化内涵与表现形式，对应当认定群体性传承人的非物质文化遗产项目进行明确。必须由两个或两个以上传承人共同传承以表现其完整内涵的非物质文化遗产项目，可以将其传承人一并认定为群体性传承人，从而突出该非物质文化遗产项目的整体性价值，也保护非物质文化遗产传承人之间的整体性价值。

2. 构建一般性传承人资格认定制度

代表性传承人只是非物质文化遗产传承人中的一小部分，更多的是未被认定的一般性传承人。这类传承人法律地位的缺失，会极大地削弱非物质文化遗产的保护力量，进而影响非物质文化遗产保护的实际效果。中央以及各地可以通过出台相关的行政法律法规等，对同样熟知非物质文化遗产知识与技能，积极开展传承活动，但代表性和影响力不足以被评定为代表性传承人的一般性传承人进行认定，并为这类传承人提供适当的精神和物质权利，以保持和激发其积极性。法律可以对代表性传承人和一般性传承人的义务进行不同划分，如代表性传承人可以负责对外交流和宣传活动，以提高非物质文化遗产的知名度，而一般性继承人可以负责教育其他继承人并定期组织活动等。

对一般性传承人的认定也有利于加强非物质文化遗产人才储备，完善非物质文化遗产人才梯队制度。当非物质文化遗产代表性传承人因为年龄过大或者疾病不能很好地对非物质文化遗产项目进行传承，以至于影响正常传承工作开展时，一般性传承人就发挥出至关重要的作用，可以在紧急情况下保障非物质文化遗产传承工作的正常开展。

总之，建立一般性传承人资格认定制度，不仅可以加强非物质文化遗产的保护力量，还可以为非物质文化遗产人才梯队制度提供保障，进一步完善非物质文化遗产的传承体系。

（二）完善非物质文化遗产传承人资金保障制度

资金保障制度是非物质文化遗产传承人能够顺利开展传承活动并且培养后继人才的重要保障。为了使传承人能够获得充足的资金以支持非物质文化遗产的传播与交流，就必须完善资金保障制度，通过加强专项资金保护制度以及多元化资金投入制度，激发传承人保护非物质文化遗产的热情，促进非物质文化遗产的不断创新与发展。

1. 完善基层非物质文化遗产传承人资金保障制度

国家对国家级代表性传承人应给予保护补助费，地方的代表性传承人根据中央对地方的补助金给予一般项目补助，地方的补助金可以根据代表性传承人数量、代表性传承人记录数、研培计划任务数等因素实行分配。但由于非物质文化遗产补助经费有限，并且存在分配不平衡的问题，一些国家级和省级非物质文化遗产传承人的保护补助资金较为充足，而市县补助费用投入较少。为此，可以从以下角度进行完善：

（1）重视各基层非物质文化遗产传承人的资金保障。为了确保能够持续、稳定地传承与发扬这些珍贵的文化遗产，必须高度重视他们的资金保障问题。在制定“国民经济和社会发展规划”时，应将非物质文化遗产传承人的资金保障作为重要内容纳入其中，通过宏观规划与政策的引导，确保资金保障的持续性与稳定性。具体来说，各级政府可以通过财政拨款、专项资金等方式，为非物质文化遗产传承人提供必要的资金支持。同时，可以鼓励和支持企业、社会组织等参与非物质文化遗产保护，通过捐赠、赞助等方式为传承人提供资金支持。此外，还可以探索建立非物质文化遗产传承人的收入保障机制，如设立传承人津贴、奖励制度等，以激发他们传承与发扬非物质文化遗产的积极性。

在加强资金保障的同时，还应关注传承人的生产生活状况。可以通过改善传承人的工作环境、提高生活待遇等方式，为他们创造更好的传承条件。可以加强对传承人的培训与教育，提高他们的文化素养和传承能力，确保非物质文化遗产能够得到更好地传承与发扬。

（2）为了确保非物质文化遗产保护资金的合理有效使用，需要不断扩大其使用范围。具体而言，省级的专项保护资金不仅应优先用于支持省级非物质文化遗产项目和传承人的保护工作，还可以适当向基层特别是贫困地区倾斜。

在资金分配上，应充分考虑各地区的实际情况和需要，确保资金能够真正用于非物质文化遗产的保护与传承工作。对于较为贫困的基层地区，可以加大资金投入力度，为当地的非物质文化遗产传承人和项目提供必要的资金保障。这样一来，不仅可以实现保护经费的合理化分配，还能有效地促进贫困地区非物质文化遗产的保护与传承工作。

同时，还应加强对专项保护资金使用情况的监督与管理，确保资金使用地公开、透明和高效。通过建立健全的监管机制，确保每一笔资金都能真正用于非物质文化遗产的保护与传承工作，为这些珍贵的文化遗产提供坚实的保障。

2. 多元化资金投入保障制度

为了加强非物质文化遗产传承人的资金保障，需要构建一个多元化的资金投入保障机制。这不仅依赖于完善专项资金保护制度，还需要地方通过立法或出台更为细致的政策性文件，进一步完善非物质文化遗产的产业化制度，从而确保资金投入的多样性和稳定性。

非物质文化遗产作为各民族文化的瑰宝，其独特的文化特色和丰富的文化价值在当今文化繁荣的时代背景下越发凸显。为了更好地传承和发扬这些珍贵的文化遗产，进行产业化、市场化的发展是不可或缺的手段。通过产业化，我们可以将无形的文化遗产转化为有形的文化产品，进而推向市场，实现其经济价值和社会价值的双重提升。

然而，在推动非物质文化遗产产业化的过程中，必须警惕过度开发利用的风险。为了避免非物质文化遗产被商业化、肤浅化，我们需要制定合理的开发利用制度。这包括制定严格的保护规范，明确传承人的权益和责任，以及建立科学的评估机制，确保非物质文化遗产的产业化发展是在保护其文化价值和传承精髓的前提下进行的。

在此基础上，应积极打造各地区自己的非物质文化遗产品牌。通过深入挖掘各地区的文化特色，结合现代设计理念和市场需求，开发出具有地方特色的文化产品。这不仅有助于提升非物质文化遗产的知名度和影响力，还能为传承人带来更多的经济收益，从而加强他们的资金保障。

（三）构建非物质文化遗产传承人保护的公众参与制度

非物质文化遗产传承人具有群体性的特征，对其进行保护必须建立公众参与制度，充分保障非物质文化遗产传承人以及地区群众的参与权、知情权和监督权，使非物质文化遗产传承人保护工作更好地开展，相关决策的作出更加民主和科学。

1. 实现参与主体的多元化

每个人都生活在特定的群体中，非物质文化遗产的传承人也不可能单独存在。通过完善公众参与制度，可以增加参与主体的多样性，让更多人参与到非物质文化遗产传承人的保护中来。非物质文化遗产传承人保护的公众主要可以分为以下三类：

（1）专家学者。专家学者是非物质文化遗产保护的重要智囊团。他们大多是非物质文化遗产的实践者、研究者，拥有深厚的理论基础和学术背景。我们可以积极吸收他们参与到非物质文化遗产传承人保护的队伍建设中，整合研究力量，共同打造非物质文化遗产专家库。同时，为了激发中青年学者的研究热情，加大对他们的支持力度，鼓励他们更多地参与到非物质文化遗产的研究中，推动非物质文化遗产领域理论研究和应用研究的深入发展。

（2）社会团体。非物质文化遗产保护机构与高校、科研院所等的参与是

提高社区参与深度的一种途径，部分高校和研究机构都有设立与非物质文化遗产相关的专业。可以通过加强社会团体与代表性传承人以及地区群众的交流，及时发现问题、反映问题，也可以通过社会团体为其提供资金以及技术支持等。

（3）非物质文化遗产传承人群体。作为非物质文化遗产项目的直接传承者和实践者，传承人群体在保护工作中具有举足轻重的地位。在相关决策的制定过程中，我们不仅要充分听取代表性传承人的意见和建议，还要广泛征求传承人群体的意见。他们的参与不仅可以减少群众与代表性传承人之间的矛盾，还有助于维系传承人群体内部的稳定与秩序。同时，传承人群体之间的交流与互动也能促进非物质文化遗产的传承与发展。

综上所述，非物质文化遗产传承人的保护不仅要发挥政府的主导作用，还应该重视公众参与制度的建立，非物质文化遗产相关专家学者、社会团体以及传承人群体都是保护过程中不可或缺的参与主体，赋予这些群体一定的参与权，可以保障非物质文化遗产传承人保护工作的高效与便捷。

2. 确立听证程序

在认定代表性传承人的过程中可以设立听证程序。为保障代表性传承人认定过程与结果的公正与公平，应该对听证程序以及相关主体予以明确规定，代表性传承人资格认定的听证既可以听取非物质文化遗产传承人的意见，也可以听取相关非物质文化遗产专家或者地区群众的意见，将真正需要保护的传承人纳入名录保护体系。设立听证程序可以在一定程度上保障代表性传承人的权威性与认可程度，有效地避免传承人群体内部之间就代表性传承人人选产生争议。

非物质文化遗产传承人的重大立法决定以及相关行政决策的作出在必要的情况下也可以举行听证，通过群众的监督与制约，保证行政决策的正当性、合理性。非物质文化遗产传承人的保护具有极强的实践性，所以相关立法和行政决策的作出必须先充分了解实际存在的问题以及听取地区群众的诉求。听证程序的设立为政府与传承人之间建立起有效的沟通渠道，在决策过程中能够更好地遵循科学民主原则，避免作出非理性的重大决策。

综上，非物质文化遗产传承人的保护过程中应当设立听证程序，对听证的事由、主体进行明确，保障决策作出的合法合理。听证在非物质文化遗产传承人保护中适用于行政立法、具体行政行为的作出以及行政处罚的各个环节，听证可以在一定程度上保障公众的参与权、知情权和监督权。

参考文献

[1]《行政法与行政诉讼法学》编写组 . 行政法与行政诉讼法学 [M]. 北京：高等教育出版社，2017.

[2] 毕锦明 . 论我国非物质文化遗产的行政法保护 [J]. 洛阳理工学院学报(社会科学版)，2014，29（5）：58-62.

[3] 蔡润东 . 行政程序意识的培养研究 [J]. 韩山师范学院学报，2015，36（1）：104.

[4] 戴佳丽 . 公民环境权的行政法保护 [D]. 宁波：宁波大学，2016：25.

[5] 范志强 . 加强野生动物保护以促进生态环境平衡 [J]. 农业灾害研究，2023，13（11）：31.

[6] 高轩 . 论我国非物质文化遗产生态保护的行政法机制 [J]. 中南民族大学学报（人文社会科学版），2016，36（3）：140-143.

[7] 韩德利 . 行政法原理 [M]. 北京：中国书籍出版社，2022.

[8] 洪玮铭 . 大数据时代个人信息民法保护与合理使用的平衡 [D]. 武汉：华中科技大学，2022：9.

[9] 胡建淼 . 论行政处罚的手段及其法治逻辑 [J]. 法治现代化研究，2022，6（1）：17.

[10] 黄学贤 . 我国公民财产权保障的宪法与行政法审视 [J]. 徐州师范大学学报（哲学社会科学版），2008（4）：106.

[11] 黄宇宏 . 野生动物保护的基础法律概念研究 [J]. 河南财政金融学院学报（哲学社会科学版），2024，43（2）：55-60.

[12] 江利红 . 行政法学 [M]. 北京：中国政法大学出版社，2014.

[13] 孔繁华 . 论我国行政给付的原则 [J]. 贵州警官职业学院学报，2006（3）：63.

[14] 李宝君 . 财产权的行政法保护：研究现状与前瞻 [J]. 黑龙江省政法管理干部学院学报，2010（7）：143-146.

[15] 李端林 . 关于我国行政法基本原则的理论探讨 [J]. 法制博览，2018（6）：91.

[16] 李美玲 . 论大数据时代个人信息的行政法保护 [D]. 南宁：广西大学，2023：13.

[17] 李牧，王侄晴 . 论新时代无障碍环境权的行政法保护 [J]. 武汉理工大学学报（社会科学版），2019，32（6）：7-14.

[18] 李亚南 . 大数据时代个人信息的行政法保护研究 [D]. 石家庄：河北经贸大学，2023：32.

[19] 梁园，杨恪 . 行政法基本原则的反思与重构 [J]. 法制与社会，2021（15）：174.

[20] 林雪 . 我国涉农作物种子权益的行政法保护研究 [D]. 昆明：云南大学，2022：22.

[21] 刘羽端 . 论非物质文化遗产的行政法保护 [J]. 法制博览（中旬刊），2014（9）：113+112.

[22] 刘运，向鑫 . 非物质文化遗产的行政法保护——以 H 省 E 市为例 [J]. 法制博览，2024（1）：49.

[23] 马良全，张菲菲 . 论行政行为成立 [J]. 贵州社会科学，2008（11）：129.

[24] 麦雅诗 . 论我国公共用公物利用权的行政法保护 [D]. 广州：暨南大学，2021：19.

[25] 满国石 . 环境权行政法保护问题研究 [J]. 北方经贸，2012（1）：37.

[26] 戚莹 . 大数据时代行政法对个人信息的保护 [J]. 盐城工学院学报（社会科学版），2021，34（5）：23.

[27] 施健 . 我国非物质文化遗产行政法保护问题研究 [D]. 哈尔滨：东北林业大学，2022：32.

[28] 石美 . 非物质文化遗产传承人行政法保护研究 [D]. 兰州：兰州大学，2023：18.

[29] 苏蒲霞 . 非物质文化遗产行政法保护问题探析 [J]. 人民论坛，2013（26）：121-123.

[30] 孙利 . 行政法与行政诉讼法 [M]. 北京：对外经济贸易大学出版社，2018.

[31] 孙艳丹 . 论我国非物质文化遗产的行政法保护 [D]. 哈尔滨：黑龙江大学，2017：9.

[32] 王本存 . 行政法律关系的功能与体系结构 [J]. 现代法学，2020，42（6）：96.

[33] 王东昊 . 公民食品安全权行政法保护研究 [D]. 沈阳：辽宁大学，2013：28.

[34] 文晓静 . 非物质文化遗产传承人行政法保护的反思与发展 [J]. 广西社会科学，2015（5）：189-193.

[35] 徐瑾，赖运生 . 非物质文化遗产传承人行政法保护机制探究 [J]. 法制与社会，2017（28）：40-41.

[36] 许航 . 论动物权利保护——以动物的法律主体地位和“动物权”的构建为视角 [J]. 贵州警察学院学报，2024，36（2）：35-42.

[37] 尹露 . 论公民食品安全权的法律保障 [J]. 江南大学学报（人文社会科学版），2014，13（2）：120.

[38] 张明月 . 个人信息的行政法保护研究 [D]. 哈尔滨：哈尔滨工程大学，2024：15.

[39] 周睿 . 行政法视域下野生动物保护问题研究 [D]. 昆明：云南师范大学，2021：30.

[40] 周孜予，施健 . 浅论我国非物质文化遗产行政法保护的困境与完善路径 [J]. 佳木斯职业学院学报，2022，38（3）：64.

[41] 朱麒达 . 论个人信息的行政法保护现状、问题及完善建议 [J]. 黑龙江工程学院学报，2021，35（2）：55.